FACULTÉ DE DROIT DE PARIS

LE REFERENDUM

ÉTUDE DE LÉGISLATION COMPARÉE

THÈSE POUR LE DOCTORAT

PAR

JACQUES DEBACQ

AVOCAT A LA COUR D'APPEL

PARIS

LIBRAIRIE NOUVELLE DE DROIT ET DE JURISPRUDENCE

ARTHUR ROUSSEAU, ÉDITEUR

14, RUE SOUFFLOT, ET RUE TOULLIER, 13

1896

THÈSE

POUR LE DOCTORAT

La Faculté n'entend donner aucune approbation ni improbation aux opinions émises dans les thèses; ces opinions doivent être considérées comme propres à leurs auteurs.

FACULTÉ DE DROIT DE PARIS

LE
REFERENDUM

ÉTUDE DE LÉGISLATION COMPARÉE

THÈSE POUR LE DOCTORAT

L'ACTE PUBLIC SUR LES MATIÈRES CI-APRÈS

Sera soutenu le lundi 15 juin 1896, à 8 heures

PAR

JACQUES DEBACQ

AVOCAT A LA COUR D'APPEL

Président : M. CHAVEGRIN.

Suffragants { MM. LARNAUDE, CHÉNON } *professeurs.*

PARIS

LIBRAIRIE NOUVELLE DE DROIT ET DE JURISPRUDENCE

ARTHUR ROUSSEAU, ÉDITEUR

14, RUE SOUFFLOT, ET RUE TOULLIER, 13

1896

LE REFERENDUM

INTRODUCTION

La source de tous les pouvoirs dans l'État, c'est la souveraineté qui consiste dans le droit de commander et de se faire obéir. A qui appartient cette souveraineté? La réponse a varié suivant les temps et suivant les pays. On a fait résider la souveraineté tantôt dans la divinité, l'exerçant par l'intermédiaire d'une caste, d'une tribu, d'un homme — c'est le gouvernement théocratique; tantôt dans un roi — c'est le despotisme monarchique; tantôt dans une élite — c'est le gouvernement aristocratique. Aujourd'hui l'idée de la souveraineté du peuple est à peu près seule admise. « La souveraineté chez un peuple, dit M. Esmein, réside dans le corps entier de la nation et ne saurait résider ailleurs » (1). Enseignée déjà par Hubert Languet et l'école protestante, cette théorie fut reprise avec éclat par Rousseau et consacrée définitivement par la Révolution.

Le peuple étant souverain, comment va-t-il user des

(1) Esmein, *Eléments de droit constitutionnel.*

pouvoirs qui lui appartiennent ? Deux systèmes absolus sont en présence. Dans l'un le peuple exerce ses pouvoirs directement (1), dans l'autre il les délègue à des représentants choisis par lui.

Avec le premier système, qui est celui du gouvernement direct, la participation du peuple à la confection des lois est exclusive de toute autre. Enseigné par Aristote, dans sa *Politique*, il fut pratiqué dans l'antiquité à Athènes et à Rome et ne cessa de l'être que lorsque le despotisme eut étouffé la liberté. Il fut en honneur chez les Germains, dont Tacite nous a résumé les principes de gouvernement en une courte phrase : *De minoribus principes consultant, de majoribus omnes*. On ne sait pas exactement s'il fut connu des Gaulois (2), ni s'il fonctionna sous les Mérovingiens et les Carlovingiens (3). Mais les cités de la Hanse, les grandes villes d'Italie au moyen âge (4), les anciennes communes flamandes (5) et certains villages du Brabant et de Liège (6) en firent

(1) Il ne faut rien exagérer. Même dans le système du gouvernement direct, le peuple est bien forcé de nommer des commissaires, des délégués, car il est évident que les assemblées populaires ne peuvent pas gouverner, administrer elles-mêmes. Cf. Chavegrin, *Cours de droit constitutionnel*, professé à la Faculté de droit de Paris en 1894-1895.

(2) Voir sur ce point : Fustel de Coulanges, *La Gaule romaine*, p. 40 et suiv.

(3) Cf. Fustel de Coulanges, *Histoire des institutions politiques de l'ancienne France* : *La Monarchie franque*, p. 598 et suiv.

(4) Cf. de Laveleye, *Le gouvernement dans la démocratie*, Paris, 1891, t. II, p. 310 et suiv.

(5) *Ibid.*, p. 438 sq.

(6) *Ibid.*, p. 362 sq.

des applications. Il retrouva une partie de son ancien éclat, en théorie du moins, lorsque Rousseau l'eut proclamé le gouvernement idéal. Mais les sophismes, les paradoxes du philosophe génevois ne purent rien contre les nécessités de la vie sociale. Aujourd'hui cette forme de gouvernement n'existe plus que dans certains petits cantons de la Suisse, où elle aura encore bien de la peine à se maintenir.

La souveraineté du peuple une fois admise, il faut bien reconnaître que le système du gouvernement direct a le mérite d'être logique. Il a même d'autres qualités. « Comme chaque forme de gouvernement a ses avantages, dit Bossuet, celui que la Grèce tirait du sien était que les citoyens s'affectionnaient d'autant plus à leur pays qu'ils le conduisaient en commun et que chaque particulier pouvait parvenir aux premiers honneurs (1) ». Mais ce système, dont l'esclavage rendait la pratique facile dans l'antiquité en donnant aux citoyens les loisirs nécessaires pour s'occuper des affaires publiques, devient manifestement impossible dès qu'il s'agit de grands Etats. Rousseau lui-même a bien été forcé de le reconnaître : « Tout bien considéré, dit-il, je ne pense pas qu'il soit désormais possible au souverain de conserver parmi nous l'exercice de ses droits, si la cité n'est très petite (2) ». Quels dangers d'ailleurs

(1) Bossuet, *Discours sur l'histoire naturelle*, IIIe partie, chap. V, p. 451.

(2) Rousseau, *Contrat social*, III, 4.

ne présente pas un pareil système, qui rend le peuple omnipotent? « On ne voit pas clairement, dit Stuart Mill, quels obstacles pourraient arrêter ce pouvoir. Ce n'est pas l'opinion publique, puisqu'il la fait, ni la conscience, puisqu'il peut toujours lui montrer à l'appui de ce qu'il fait les formes et les apparences sacrées du juste, c'est-à-dire une loi (1) ». Le peuple, livré à lui-même, peut se laisser aller aux plus regrettables excès... surtout s'il met en pratique les théories de Rousseau. « Les majorités, dit ce philosophe, peuvent à leur gré refuser l'obéissance aux autorités, les déposer, changer la constitution ; elles ne font par là qu'acte de souveraineté et devant leur volonté l'autorité dérivée du corps des représentants disparaît elle-même ». N'est-ce pas encore l'auteur du *Contrat social* qui proclame qu'il « ne peut y avoir nulle espèce de lois fondamentales pour le corps du peuple ; pures manifestations de sa volonté, elles tombent dès que sa volonté change ». C'est peut-être logique, mais c'est surtout dangereux. Il n'est pas besoin de démontrer, dit Bluntschli, que l'anarchie est la conséquence nécessaire de ces principes.

Au système du gouvernement direct s'oppose celui du gouvernement représentatif.

« Gouvernement représentatif signifie que la nation tout entière ou, au moins, une portion nombreuse de la nation exerce, par l'entremise de députés qu'elle

(1) Stuart Mill, *Le gouvernement représentatif*. Trad. Dupont-White, 2e édition, Paris, 1865.

nomme périodiquement, le pouvoir du contrôle suprême, pouvoir qui dans toute constitution doit résider quelque part (1) ». Ce qui caractérise les représentants du peuple souverain, dit M. Esmein (2), c'est que, dans les limites des attributions qui leur sont conférées, ils sont appelés, dans une mesure plus ou moins large, à décider librement, arbitrairement, au nom du peuple, qui est censé vouloir par leur volonté et parler par leur bouche. C'est la même idée que Barnave exprimait à l'Assemblée Constituante (3), lorsqu'il opposait le représentant au simple fonctionnaire, le premier chargé dans certains cas de vouloir pour la nation, tandis que tout l'office du second ne consiste qu'à agir pour elle. Cette indépendance des représentants constitue précisément un des grands avantages du régime. Elle donne aux députés le pouvoir de s'opposer, à certains moments, aux mesures extrêmes, réclamées par le peuple sous l'influence de ses passions, et de s'élever au-dessus des intérêts de l'heure présente pour envisager l'avenir et ne pas l'engager d'une façon inconsidérée. « La pire espèce de députés, dit Vacherot, dans les assemblées parlementaires, après celle qui vend son vote pour des places ou des titres, est cette catégorie des courtisans de l'opinion qui votent toujours les regards tournés vers les électeurs, au lieu de voter sous l'inspi-

(1) Stuart-Mill, *op. cit.*, p. 99.
(2) *Op. cit.*
(3) Séance du 10 août 1791.

ration de leur conscience et sous l'impression des questions ou des situations qui font le sujet des débats (1) ». C'est cependant cette même qualité dont Rousseau faisait un crime au régime représentatif, en lui reprochant de rendre illusoire la souveraineté du peuple. « Le peuple anglais pense être libre ; il se trompe fort ; il ne l'est que durant l'élection des membres du Parlement ; sitôt qu'ils sont élus, il est esclave, il n'est rien (2) ». Pur sophisme, en vérité, que Sieyès a réfuté avec beaucoup de bon sens. « Il régnait, dit-il, une erreur grandement préjudiciable c'est que le peuple ne doit déléguer de pouvoirs que ceux qu'il ne peut exercer lui-même. On attribue à ce prétendu principe la sauvegarde de la liberté ; c'est comme si l'on voulait prouver aux citoyens qui ont besoin d'écrire à Bordeaux, par exemple, qu'ils conserveront bien mieux toute leur liberté s'ils veulent se réserver le droit de porter leur lettre eux-mêmes ».

Le régime représentatif fut inconnu dans l'antiquité. Dans les temps modernes, c'est l'Angleterre qui l'a mis en honneur et l'a porté à son plus haut point de perfection. La Révolution l'introduisit en France, bien que son guide ordinaire, Rousseau, l'eût repoussé. C'est le système presque généralement suivi aujourd'hui, parce qu'il est le plus conforme à la nature et à la constitution de nos sociétés. Rendu nécessaire par les trop grandes agglomérations des États modernes, aussi bien que

(1) Vacherot, *La Démocratie*, 2e édition, p. 336.
(2) Rousseau, *Contrat social*, III, 15.

par les nécessités de la vie sociale qui ne permettent plus au peuple de passer son temps sur la place publique à discuter et à voter les lois, le régime représentatif permet en outre d'avoir des législateurs plus éclairés et plus compétents que la multitude généralement ignorante et d'ailleurs incapable de résoudre les questions de plus en plus complexes que soulève chaque jour le gouvernement d'une grande nation. Le peuple choisit dans son sein les membres qu'il estime les plus honnêtes et les plus capables. En leur confiant le maniement des affaires publiques, il leur délègue sa souveraineté, ne se réservant d'autre droit et d'autre sanction que l'épreuve d'une nouvelle élection (1).

Le système représentatif comporte une assemblée, plus généralement deux, la seconde recrutée d'une manière différente et destinée à mettre un frein aux entraînements de la première (2). Il est basé dans certains pays sur le suffrage universel, dans d'autres sur le suffrage restreint.

La conciliation, réalisée par le régime représentatif, entre la souveraineté reconnue du peuple et la nécessité de confier la confection des lois à des hommes éclairés et instruits en a fait la force et la grandeur. Il a passé

(1) Cf. Vacherot, *op. cit.*, p. 335 et 336.

(2) « C'est une maxime fondamentale de la science du gouvernement que, dans la Constitution, il doit y avoir un centre de résistance au pouvoir prédominant et, par conséquent, dans une Constitution démocratique, un centre de résistance contre la démocratie » (Stuart-Mill, *op. cit.*).

longtemps, il passe encore aux yeux de bien des gens pour l'idéal du gouvernement dans un pays libre. Mais, au cours de ce siècle, il s'est produit un fait d'une importance capitale, qui est venu jeter le trouble dans les esprits et rouvrir la question toujours pendante de la meilleure forme de gouvernement : je veux parler de l'entrée en scène de la Démocratie. L'avènement des masses populaires n'est pas arrivé comme un coup de foudre ; elles se sont avancées peu à peu à la conquête du pouvoir. Ce n'est pas d'aujourd'hui que les observateurs en ont constaté les progrès et ont jeté le cri d'alarme. En 1821, déjà, Royer-Collard prononçait le mot fameux : « La démocratie coule à pleins bords ». Et il ajoutait avec une rare élévation de pensée : « Que d'autres s'en affligent et s'en courroucent, pour moi, je rends grâce à la Providence de ce qu'elle a appelé aux bienfaits de la civilisation un plus grand nombre de ses créatures. Il faut accepter cet état ou, pour le détruire, il faut dépeupler, appauvrir, abrutir les classes moyennes. La démocratie partout : dans l'industrie, dans la propriété, dans les lois, dans les souvenirs, dans les choses, dans les hommes, voilà, on en convient, le fait qui domine aujourd'hui la société et qui doit présider à notre politique.

« Le développement graduel de l'égalité des conditions est donc un fait providentiel ; il en a les principaux caractères ; il est universel, il est durable ; il échappe chaque jour à la puissance humaine ; tous les événements comme tous les hommes servent à son développement. Pense-t-on qu'après avoir détruit la féodalité et vaincu les rois, la démocratie reculera devant les bourgeois et les riches? S'arrêtera-t-elle, maintenant qu'elle est devenue si forte et ses adversaires si faibles? »

On ne pouvait pas dénoncer le péril avec plus d'éloquence. Combien ces lignes, écrites depuis près de quatre-vingts ans, semblent encore plus vraies aujourd'hui! La démocratie menace chaque jour davantage le régime représentatif. Le mot fameux, prononcé par le prince Albert en 1861 : « Le gouvernement représentatif est dans sa crise », n'a pas cessé d'être juste : la crise dure toujours. Comment se terminera-t-elle? Tout dépendra de la sagesse de la démocratie. Devenu tout puissant, le peuple voudra-t-il bouleverser l'ancien état de choses, s'emparer du pouvoir, prendre en mains la direction des affaires et construire de toutes pièces un édifice nouveau? ou, plus sage que ceux qui le flattent et le poussent, saura-t-il reconnaître son impuissance à se mêler de tout et s'en remettra-t-il librement à d'autres du soin de veiller pour lui à ses intérêts généraux? La démocratie s'accommodera-t-elle du principe aristocratique qu'implique nécessairement le régime représentatif (1)? L'avenir seul le dira. Mais dès à présent il est intéressant d'étudier les formes nouvelles qu'a prises la

(1) Toute élection, en effet, suppose une sélection.

démocratie chez certains peuples et qu'elle pourrait être amenée à prendre un jour chez nous.

Nul ne songe sérieusement à revenir au gouvernement direct. Tout le monde en reconnaît l'utopie. « Les cités antiques, dit Vacherot, ont pu le faire en raison du petit nombre de leurs citoyens et des loisirs que leur ménageait l'institution de l'esclavage. Et encore à quel prix l'ont-elles fait? Quel gouvernement que celui de la place publique! Il faut lire Aristophane pour en avoir une idée et l'on comprend les dégoûts d'un Cimon, d'un Socrate, d'un Phocion pour une pareille démocratie. D'ailleurs ne voit-on pas que le gouvernement direct devient de plus en plus impossible dans les sociétés anciennes à mesure qu'elles croissent en nombre. Ce n'est plus le peuple romain qui paraît, qui vote sur le forum aux temps des Marius et des César; c'est une populace sans nom, aux gages des partis ou des factions. D'une autre part quand la démocratie moderne aurait atteint la perfection en lumières, en moralité, en bien-être, le gouvernement direct y serait encore impossible, vu la nécessité de laisser un libre cours à l'activité sociale et professionnelle de tous les citoyens. Le citoyen effaçait entièrement l'homme, le chef de famille dans la cité antique. C'est le contraire dans la société moderne (1) ». « Le gouvernement du peuple assemblé, dit de son côté Stuart-Mill, est un reste de barbarie contraire à tout

(1) Vacherot, *op. cit.*, p. 335.

l'esprit de la vie moderne (1) ». Mais, si tout le monde est à peu près d'accord pour reconnaître aujourd'hui l'impossibilité du gouvernement direct, beaucoup, voulant chercher à s'en rapprocher le plus possible, se sont tournés vers ce qu'on a appelé le gouvernement *semi-représentatif*, espérant trouver dans cette combinaison ce qu'ils n'attendent plus de chacun des éléments qui la composent.

L'appareil extérieur est le même dans le gouvernement semi-représentatif que dans le gouvernement représentatif pur. Tous deux admettent une autorité émanée de la nation et chargée de faire ce qu'elle ne peut faire. Cette autorité a pour ressort dans les deux régimes un Parlement avec une ou deux Chambres (2).

Mais le système semi-représentatif n'est pas une conception toujours identique à elle-même. Il peut se présenter sous quatre formes : le *veto populaire*, le *mandat impératif*, l'*initiative populaire* et enfin le *referendum*.

Le droit de *veto* confère au peuple le pouvoir de rejeter les lois votées par le Parlement. Il eut son heure de gloire, en Suisse, vers 1830. Mais, déjà à cette époque, on l'accusait d'être une source de troubles. L'orage du veto, *vetosturm*, était une locution passée en proverbe. Le veto fut une institution transitoire, qui servit à frayer la voie au referendum. Il est aujourd'hui complètement abandonné.

(1) Stuart-Mill, *op. cit.*
(2) Cf. Chavegrin, *Cours de droit constitutionnel.*

Il y a *mandat impératif*, lorsque le peuple signifie à ses représentants que telles questions devront être abordées et étudiées avec tel esprit. Mais ce qui caractérise le *mandat impératif*, ce n'est pas seulement l'acceptation d'un programme fait par d'autres que le candidat, c'est aussi la démission signée en blanc ou l'engagement formel de se démettre sur la réquisition des électeurs. On voit que le *mandat impératif* est absolument contraire à l'esprit du régime représentatif pur, puisqu'il implique la soumission absolue du Parlement aux vœux du peuple même dans leurs brusques changements.

L'*initiative populaire* existe depuis des siècles dans certains cantons suisses, les cantons à *Landsgemeinde*; mais les théories de la démocratie en ont fait une institution nouvelle. Elle consiste dans le droit qu'ont un certain nombre de citoyens de proposer l'adoption de nouvelles lois ou l'abrogation de lois anciennes (1).

La dernière forme de gouvernement semi-représentatif et la plus importante est le *referendum* qui fera l'objet de cette étude.

Le mot *referendum* veut dire : « Il faut en référer ». Il suppose un rapport préexistant entre deux personnes, deux autorités, deux pouvoirs dont l'un ne peut, par lui-même, prendre une décision définitive et a besoin *d'en référer* à l'autre pour obtenir soit l'autorisa-

(1) J'aurai l'occasion, dans le cours de cette étude, de revenir sur l'initiative populaire, car cette institution ne va pas sans le referendum.

tion d'accomplir un acte, soit l'homologation d'un acte déjà accompli.

On emploie souvent cette expression en diplomatie. C'est même là que son application correspond le plus exactement à la signification grammaticale du mot. On désigne ainsi la demande d'instructions nouvelles d'un agent à son gouvernement, lorsque les négociations engagées sortent du cadre des instructions qu'il a reçues antérieurement. L'agent diplomatique expose les circonstances nouvelles dans lesquelles l'affaire se présente ou les complications survenues au gouvernement dont il relève et qui lui donnera l'ordre d'agir, ou bien il agit en faisant remarquer que sa décision demeure subordonnée à la ratification du chef de l'Etat qu'il représente. Dans les deux cas le referendum est destiné à suppléer à l'insuffisance des pouvoirs délégués (1).

Du domaine de la diplomatie le mot est passé dans celui du droit constitutionnel : nous verrons comment lorsque nous étudierons l'histoire du referendum en Suisse.

Suivant les points de vue auxquels on peut se placer pour étudier le referendum et abstraction faite de son champ d'application, constitutionnel, législatif ou communal, on est conduit à en distinguer plusieurs espèces que nous allons passer rapidement en revue.

Le referendum est d'abord *obligatoire* ou *facultatif*.

(1) Cf. Ramalho, Etude historique sur le referendum. *Revue générale d'administration*, n° d'octobre 1892, p. 131.

Il est *obligatoire* lorsqu'une loi doit, pour devenir parfaite, subir l'épreuve du vote populaire ; jusque-là ce n'est qu'un projet. La loi votée par les représentants est *ipso jure* soumise au peuple qui l'accepte ou la rejette.

Le referendum est *facultatif* lorsqu'il n'est pas imposé par la Constitution et que le peuple, suivant l'expression de M. Gavard (1), s'est seulement réservé le droit d'évoquer la loi régulièrement votée et de la juger en suprême instance. Pour qu'il soit mis en mouvement, il faut qu'il ait été réclamé par un certain nombre d'électeurs dans des conditions déterminées (2).

Ce qui distingue donc le referendum obligatoire du referendum facultatif, c'est que dans le premier la sanction du peuple est toujours expresse, tandis que dans le second elle est tantôt expresse et tantôt tacite.

Que le referendum soit obligatoire ou facultatif, sa sphère d'application a des limites. Dans les matières qui y sont soustraites, les décisions du Parlement sont souveraines.

Considéré au point de vue du moment où il intervient par rapport à une loi ou à une mesure, le referendum

(1) Gavard, Les formes nouvelles de la démocratie. *Nouvelle Revue*, n° du 15 mars 1892.

(2) C'est la définition du referendum facultatif de la part du peuple que je viens de donner parce que c'est le plus connu et le plus pratiqué. Mais il y a encore le referendum facultatif de la part du chef de l'État et le referendum facultatif de la part des représentants.

est *postérieur* ou *antérieur* suivant que la loi est faite (*post legem*) ou à faire (*ante legem*).

Le referendum *postérieur* est de beaucoup le type de referendum qui présente le plus d'importance. C'est le seul pratiqué en Suisse et c'est presque toujours à lui que l'on pense lorsqu'on parle de referendum. S'appliquant à une loi ou à une mesure déjà votée par les représentants, il consiste essentiellement en une ratification.

Le referendum *antérieur* est beaucoup moins connu dans la pratique. C'est sous cette forme que l'institution a tenté de s'introduire en France, dans ces derniers temps, en matière communale. Le peuple, dans le referendum antérieur, est consulté sur l'opportunité d'une loi à faire ou d'une mesure à prendre.

M. Van den Heuvel a proposé une autre terminologie, basée sur les divers buts que peut atteindre le referendum.

Il en distingue trois sortes : le referendum d'*initiative*, le referendum de *partage* et le referendum de *correction*. Cette division tripartite n'a pas le caractère de généralité des précédentes.

Le referendum d'*initiative* et le referendum de *partage* sont deux subdivisions du referendum antérieur.

Le premier est en quelque sorte une consultation demandée au pays au sujet de telle ou telle proposition de loi ; on sonde pour ainsi dire l'opinion publique avant de s'engager plus loin. Le referendum d'initiative doit être préalable à toute délibération des Chambres. « C'est, dit M. Van den Heuvel, une tentative d'accommodement au régime parlementaire du système de l'initiative populaire » (1).

Le referendum de *partage* est une institution assez curieuse. Il ne peut être pratiqué que dans un pays où le pouvoir législatif est confié à deux Chambres. Supposons qu'un conflit s'élève entre elles. Comment y mettre fin? C'est bien simple, dit-on, avec le referendum de partage. On en appellera au peuple constitué en arbitre suprême.

Le referendum de *correction* n'est qu'une variété du referendum postérieur : c'est celui que le chef de l'État aurait la liberté de faire intervenir après le vote des deux Chambres pour le guider dans l'exercice de son droit de sanction et lui permettre d'arrêter ce que la majorité parlementaire aurait décidé (2).

Il faut distinguer nettement le *referendum postérieur* du *veto*. Le veto, tel qu'il a fonctionné en Suisse, est le droit pour le corps électoral de rejeter dans un certain délai et à la majorité des voix des électeurs *inscrits* les lois votées par les représentants. Il y a là une application du principe : *qui tacet consentire videtur*. Le referendum est le droit pour le corps électoral de sanctionner (accepter ou rejeter) dans un délai déterminé les

(1) Deploige, *Le referendum en Suisse*, introduction, p. VII.
(2) *Ibid.*, p. XI.

lois nouvelles à la majorité des voix des électeurs *votants* (1).

Il ne faut pas confondre non plus le *referendum* avec l'*initiative populaire*. On a voulu cependant trouver des analogies entre ce dernier droit et le referendum facultatif. « Le referendum facultatif, dit M. Léon Donnat, n'est, à vrai dire, qu'un droit d'initiative *à posteriori*, c'est-à-dire un droit d'initiative s'exerçant pour l'approbation des lois au lieu de s'appliquer à leur préparation (2) ». N'est-ce pas dire qu'il y a entre les deux institutions cette différence que l'une s'exerce à propos d'une loi non encore définitive, qu'il s'agit simplement d'accepter ou de rejeter, tandis que l'autre vise une loi nouvelle à faire ou l'abrogation d'une loi en vigueur ? En outre, tandis qu'une demande d'initiative peut être faite en tout temps, une demande de referendum doit être déposée dans un délai déterminé. Enfin les deux institutions n'ont pas la même portée. « Sous le régime du referendum, dit M. Deploige, il existe une égalité parfaite entre les deux facteurs de la législation : le Parlement et le corps électoral. L'un ne peut rien sans l'autre ; aucun projet de loi n'est élaboré sans l'intervention de la Chambre, aucune loi n'entre en vigueur sans l'assentiment exprès ou tacite du peuple (3). La Chambre

(1) A Zug, cependant, une loi n'est considérée comme rejetée que si la majorité des électeurs *inscrits* a voté non. C'est là un souvenir de l'ancien veto populaire.

(2) Léon Donnat, *La politique expérimentale*, p. 56.

(3) Cela n'est pas tout à fait exact. Même sous le régime du refe-

et le peuple sont sur le même pied, tous deux collaborent à la législation dans une égale mesure : la première par son droit d'initiative, le second par son droit de sanction (1) ». L'initiative populaire fait entrer la démocratie dans une phase nouvelle. Avec ce droit le peuple souverain est législateur dans toute l'acception du mot, puisque non seulement il ratifie les projets élaborés par ses représentants mais qu'il a la faculté de proposer l'adoption de nouvelles lois ou l'abrogation de lois anciennes.

On assimile souvent le referendum et le *plébiscite.* Sans doute le principe en est le même ; mais l'usage qu'on a fait en France du plébiscite napoléonien a introduit entre ces deux institutions des différences assez sensibles. Le plébiscite est un vote sur un homme, le referendum un vote sur une idée. Le premier est généralement un blanc-seing pour l'avenir et le second un contrôle. En outre, comme le fait remarquer M. de la Sizeranne, historiquement le plébiscite absout les actes d'une légalité quelconque et dont on n'a pas eu le temps de mesurer l'effet, tandis que le referendum ne consacre ou ne rejette que des résolutions légalement prises, des lois régulièrement votées par les représentants du pays.

Maintenant que nous avons une idée à peu près nette

rendum obligatoire, il y a toute une série d'actes législatifs qui échappent à la sanction du peuple.

(1) Deploige, *op. cit.*, p. 124.

des traits essentiels du referendum, nous pouvons aborder l'étude détaillée de l'institution.

Le referendum, combinaison des principes du gouvernement direct avec ceux du gouvernement représentatif, est d'origine toute moderne. Sans doute on peut lui trouver, comme l'a fait M. Ramalho (1), des précédents dans les institutions d'Athènes, de Sparte, de Rome et dans certaines pratiques des républiques italiennes (2) et des « communes affranchies » de Laon, St-Quentin, Beauvais, Vezelay, Noyon, etc. Mais il ne faut pas exagérer l'analogie.

Laissant de côté ces origines lointaines de l'institution, nous retracerons rapidement l'histoire du referendum dans les pays où il existe aujourd'hui et des tentatives qui ont été faites pour l'introduire dans d'autres pays. Nous étudierons ensuite ses applications et les trois aspects sous lesquels il se présente : constitutionnel, législatif et communal. Enfin, mettant en présence les arguments de ses partisans et les objections de ses adversaires et

(1) *Op. cit.*

(2) Dans les républiques italiennes le Sénat, grand Conseil ou Conseil spécial, suivant les villes, après avoir statué sur les affaires au sujet desquelles avait été prise une délibération préalable du Conseil de Credenza, décidait, selon la gravité des circonstances ou l'importance des intérêts en jeu, s'il y avait lieu d'en référer à l'assemblée générale du peuple. Mais cette consultation, rarement pratiquée en matière gouvernementale et administrative, ne l'était jamais en matière législative. Elle ne tarda pas à tomber en désuétude lorsque de démocratiques, en la forme tout au moins, les républiques italiennes devinrent aristocratiques. Cf. Sismondi, *Histoire des républiques italiennes*, t. I, p. 269 et 270.

nous efforçant de reconnaître ce qu'il y a de vrai dans les uns et dans les autres, nous dresserons en quelque sorte le bilan du referendum. Nous verrons alors quelle conclusion il faut tirer de cette étude d'une institution que beaucoup regardent comme la forme du gouvernement de l'avenir et que d'autres, plus nombreux encore, rejettent comme une forme bâtarde, d'une application impossible, tout au moins, dans de grands États.

PREMIÈRE PARTIE

DES ORIGINES HISTORIQUES DU REFERENDUM EN SUISSE ET AUX ÉTATS-UNIS ET DES PRINCIPALES TENTATIVES D'APPLICATION QUI EN ONT ÉTÉ FAITES DANS DIVERS AUTRES PAYS.

CHAPITRE PREMIER

HISTORIQUE DU REFERENDUM EN SUISSE ET AUX ÉTATS-UNIS.

SECTION I. — Suisse.

« Il y a un groupe d'États, dit M. Sumner Maine, dont la situation politique mérite une étude spéciale. Je veux parler de la Suisse, que les esprits curieux des sciences politiques trouveront toujours avantage à observer, comme offrant les dernières formes et les derniers résultats des expériences démocratiques (1) ». « La Suisse, dit de son côté M. Brissaud, doit à sa position géographique d'être une sorte de musée naturel où l'on re-

(1) Sumner Maine, *Essais sur le gouvernement populaire.*

trouve les débris des plus vieilles institutions de la race; on sait qu'il n'est pas de pays qui offre au géologue un champ d'études plus riche et plus fécond ; le jurisconsulte pourrait aussi y faire de véritables découvertes (1) ». Le referendum est une de ces découvertes, une des premières, car depuis on en a fait d'autres (2). La Suisse est sa vraie patrie. On peut l'y suivre, dans les phases successives de son évolution, depuis ses débuts lointains jusqu'à son développement actuel. Enfant du sol il y a été baptisé, y a grandi et y règne aujourd'hui en maître.

Aucun pays n'offrait d'ailleurs un champ d'expériences aussi bien préparé à la démocratie. « C'était une République fédérative ; les États qui la composaient offraient des différences de race, de langue, de culte, de situation, de genre de vie qui devaient se refléter dans leur structure politique. Ensuite il s'agit ici de petits pays offrant plus de plasticité que de grands territoires ; et, enfin, la Suisse, grâce à sa neutralité, a joui d'un isolement qui lui a permis un développement ethnique spontané et régulier, indépendant de celui de ses voisins (3) ». En se prêtant avec une complaisante docilité, au cours de ce siècle, à toutes les expériences, on peut dire que la Suisse a bien mérité de la démocratie.

(1) Brissaud, Le referendum en Suisse. *Revue générale du droit*, année 1888, t. XII, p. 402 à 424.

(2) L'initiative populaire, par exemple.

(3) Wuarin, L'évolution de la démocratie en Suisse. *Revue des Deux-Mondes*, 1er mai 1892.

Dans cette étude des origines du referendum et de son évolution historique en Suisse, nous distinguerons deux périodes : la première, qui s'étend depuis l'époque, où l'Helvétie conquit son indépendance de fait sinon de droit, jusqu'au 12 avril 1798, date de la proclamation de la *République helvétique*, une et indivisible ; la seconde qui va jusqu'à nos jours et qui comprend les temps modernes.

A. — *Première période de l'histoire du referendum en Suisse.*

La Suisse n'a pas toujours été un Etat indépendant. Pendant longtemps ce ne fut même pas un Etat mais bien plutôt une expression géographique désignant un groupe de territoires qui présentaient les formes de gouvernement les plus diverses. On y trouvait des seigneuries, des bailliages, des territoires soumis, des républiques aristocratiques, des principautés (1). Le pays fut longtemps sous le patronage du Saint-Empire romain. Mais les trois cantons d'Uri, de Schwytz et d'Unterwalden, s'étant soulevés et ayant conquis leur indépendance, formèrent le noyau d'une Confédération (2) dans laquelle entrèrent bientôt successivement : Lucerne (1332), Zurich (1351), Zug et Glaris (1352), Berne (1353). La nécessité de pourvoir à la sécurité

(1) Il y avait des principautés ecclésiastiques : Bâle et Porrentruy, et une monarchie : Neufchâtel.

(2) Ce fut l'alliance perpétuelle de Brünnen (1315).

extérieure et à la gestion des intérêts communs aux États confédérés amena de bonne heure la création d'un pouvoir central, qui fut confié à une Diète où chaque État envoyait un nombre égal de représentants. La Diète se réunissait chaque année (1) pour prendre des mesures générales (2). Ce qui constitue son originalité, c'est que les délégués des États confédérés, liés par les instructions reçues, ne pouvaient prendre sur les questions nouvelles que des résolutions provisoires qui, pour devenir définitives, devaient être ratifiées par leurs États respectifs. Ils ne s'engageaient que *ad referendum*. Telle est l'origine du nom de l'institution qui fait l'objet de cette étude ; telle n'est pas celle de l'institution elle-même, comme le remarque M. Hilty (3), car il n'y a rien de commun entre cette pratique et le referendum actuel. C'était simplement une arme que les États s'étaient réservée pour protéger leur autonomie contre les envahissements possibles du pouvoir central.

Si de la Confédération nous passons aux cantons, nous trouvons des précédents mieux caractérisés du referendum.

Dans certains cantons on rencontrait une institution connue sous le nom de *Landsgemeinde*. Ces cantons :

(1) Au commencement la Diète se rassemblait à des époques irrégulières.

(2) En général, pour qu'une résolution fût adoptée, il fallait qu'elle obtînt l'unanimité des voix dans la Diète.

(3) Le referendum et l'initiative en Suisse. *Revue de droit international*, t. XXIV, année 1892.

Uri, Schwytz, Unterwalden, Glaris, Zug et Appenzell avaient emprunté aux tribus germaniques la pratique du gouvernement direct et pouvaient s'appliquer la phrase dont Tacite se sert pour caractériser la constitution de ces tribus : *de minoribus principes consultant, de majoribus omnes*. La première de ces Landsgemeinde, dont il soit fait une mention précise, dit M. Deploige (1), fut tenue dans le canton de Schwytz en 1294.

C'est en se reportant aux Waldstætten, à ces petits cantons forestiers dont le gouvernement présente de si grandes analogies avec celui des cités grecques (2), que M. Numa Droz a pu dire que la démocratie était de fondation en Suisse (3). Car, si l'on étudie la constitution de certains autres cantons ou celle de la Confédération, il n'est pas moins exact de dire avec M. Wuarin que « la démocratie n'est pas fort ancienne en Suisse » et que « la souveraineté de l'État y a précédé de beaucoup la participation de tous les citoyens aux franchises et aux privilèges politiques (4) ».

Bien que l'étude de la Landsgemeinde ne rentre pas directement dans notre sujet, il n'est pas inutile d'en retracer rapidement le fonctionnement ; car elle a frayé

(1) *Le referendum en Suisse*, p. 3.

(2) « Dans les républiques de l'antiquité, la souveraineté du peuple était ce qu'elle est encore aujourd'hui dans les cantons d'Uri, d'Unterwald et d'Appenzell, moins un principe qu'un fait, moins une idée qu'une forme » (A. Cherbuliez, *La démocratie en Suisse*).

(3) Numa Droz, La démocratie et son avenir. *Bibliothèque universelle*, t. XVI, livraison de déc. 1882.

(4) *Op. cit.*

la voie au referendum, en donnant aux citoyens l'habitude de régler eux-mêmes les affaires publiques. Elle a été, comme le dit fort bien M. Deploige, la cellule primitive dont sont sorties toutes les créations de la démocratie moderne.

La Landsgemeinde (1) se composait de tous les *freie Landleute*, c'est-à-dire de tous les citoyens actifs âgés au moins de 14 ans. Elle se tenait chaque année au printemps. Toute Landsgemeinde commençait par une cérémonie religieuse. Il en est encore de même aujourd'hui. A Sarnen, par exemple, un autel est dressé derrière la tente qui abrite le Landamman et le prêtre officie devant la foule qui l'écoute debout et la tête découverte. Dans le canton d'Uri, tous les hommes rangés sur l'amphithéâtre des estrades se tournent, à un moment donné, la face en dehors et disent un nombre réglementaire de pater et d'ave. A Appenzell (Rhodes extérieure), le Landamman invite l'assemblée à se recueillir et à invoquer à voix basse le dieu des ancêtres (2).

La cérémonie religieuse terminée, la *Landsgemeinde*, sous la présidence du Landamman, premier magistrat de l'État, procédait d'abord à la nomination des fonctionnaires de l'État, des juges, des gouverneurs des bailliages, des députés à la Diète fédérale. L'assemblée passait ensuite à la réglementation des affaires du can-

(1) Voir pour les détails Deploige, *op. cit.*, p. 2 à 15.

(2) Sur le fonctionnement des Landsgemeinde, voir Eug. Rambert, *bliothèque universelle*, livraison de déc. 1871.

ton et, en cette matière, décidait souverainement. Elle s'occupait aussi de la politique extérieure et ratifiait les traités.

Dans la *Landsgemeinde* chacun pouvait parler librement. L'initiative des lois appartenait à tous les citoyens ; mais cette faculté, d'abord absolue, fut singulièrement réduite dans la suite par la nécessité de déposer la motion au *Landsrath*, conseil nommé par le peuple, quelques semaines avant la réunion de la *Landsgemeinde*.

Des mesures spéciales, dont quelques-unes sont bien curieuses, étaient prises dans le but de maintenir l'ordre. D'abord prohibition absolue de vendre du vin ou de l'eau-de-vie ; à Schwytz, défense de porter des cannes ; à Glaris, celui qui troublait l'ordre et refusait d'obéir, était privé de son épée..... et de ses droits politiques.

Mais rien n'est parfait ici-bas, et la Landsgemeinde, n'en déplaise aux partisans de la démocratie, n'a pas fait exception à cette règle. La corruption électorale s'y donnait carrière sur une vaste échelle pour la nomination des baillis (1).

La Constitution du 12 avril 1798 qui établit la *République helvétique*, une et indivisible, abolit les Landsgemeinde. M. Deploige (2) cite, à ce propos, une lettre bien curieuse par l'attachement qu'elle dénote chez ces

(1) M. Deploige (*op. cit.*, p. 6 et 7) donne des détails intéressants sur ce côté peu édifiant de l'histoire des Landsgemeinde.

(2) *Op. cit.*, p. 11 et 12.

peuples pour leurs antiques institutions. Elle est du 5 avril 1798 et est adressée au Directoire français. En voici un passage :

« Rien n'égale à nos yeux le malheur de perdre une constitution, fondée par nos ancêtres, adaptée à nos mœurs, à nos besoins, et qui, pendant plusieurs siècles, nous a fait jouir de toute la somme d'aisance et de félicité dont nos petits vallons sont susceptibles ».

Avec l'*Acte de Médiation* de 1803 les anciennes *Landsgemeinde* reparurent. Elles existent encore aujourd'hui à Uri, Glaris, les deux Unterwald, les deux Appenzell, Schwytz et Zug ont dû abolir la leur en 1852 par suite de l'accroissement de leur population.

Dans les cantons qui l'ont conservée, la *Landsgemeinde* a gardé le même appareil extérieur et ses attributions n'ont été restreintes que dans la mesure nécessitée par le développement du pouvoir fédéral. Elle a encore des admirateurs convaincus, séduits peut-être par le caractère archaïque de l'institution et par les conditions pittoresques dans lesquelles elle se tient. Dubs (1) et Freeman (2) l'ont dépeinte sous les couleurs les plus poétiques et M. Welti (3) l'a opposée au referendum comme « une forme vraie et vivante, tandis que le referendum n'est qu'une forme morte, de la démo-

(1) J. Dubs, *Le droit public de la Confédération suisse*, Genève, 1878, t. I, p. 210.

(2) Freeman, *Développement de la Constitution anglaise.*

(3) Discours prononcé contre le referendum à l'Assemblée fédérale en 1872.

cratie sur le papier ». Il y aurait beaucoup à répondre à M. Welti ; mais ce serait recommencer le procès du gouvernement direct. D'ailleurs M. Welti, partisan convaincu du régime représentatif, n'est peut-être aussi enthousiaste que parce qu'il sait bien que la *Landsgemeinde* ne sortira plus des petits cantons où elle subsiste encore que pour prendre place au musée des antiquités nationales de la Suisse.

A côté des *Landsgemeinde*, on peut trouver dans l'ancienne confédération helvétique des ébauches plus ou moins ressemblantes du referendum actuel.

Il y eut des votations populaires à Genève, à Berne et à Zurich.

De 1440 à 1540 toutes les résolutions du Conseil des Deux-Cents, à Genève, durent être ratifiées par le peuple.

« C'est surtout à Berne, dit M. Hilty, que le referendum avait pris la forme, assez intéressante pour les monarchies de notre temps qui voudraient se servir de cet instrument, d'une consultation facultative dont le mode pouvait différer (1) ». Parfois, le Grand-Conseil de Berne consultait directement les communes rurales qui étaient dans sa sujétion. Le mode de ces consultations populaires, n'étant pas fixé par la loi, variait beaucoup. Dans certains cas, on envoyait aux baillis une sorte de questionnaire qu'ils étaient chargés de remplir de manière à refléter exactement l'opinion de leurs administrés ; à eux de prendre leurs renseignements comme ils

(1) *Op. cit.*

l'entendaient. D'autres fois le gouvernement chargeait quelques-uns de ses membres de procéder dans les districts à une sorte d'enquête. Enfin un dernier moyen consistait à faire venir des députés des campagnes au Grand-Conseil où ils prenaient part aux débats sur telle ou telle affaire avec voix consultative. Le mode d'élection de ces députés n'était pas soumis à des règles précises. D'ailleurs, comme le dit M. Brissaud (1), ce procédé répugna vite à l'oligarchie bernoise. — Ces consultations populaires portaient sur des objets très divers. Il y en eut une en 1516 pour l'approbation d'un traité de paix avec la France. En 1524, le peuple fut appelé à donner son avis sur le droit de prédication et en 1527, sur le mariage des prêtres. Une brochure de M. Moritz de Stürler mentionne quatre-vingt-huit de ces consultations populaires, dont la dernière eut lieu en 1610 (2).

Zurich, au XVIe siècle, pratiquait des consultations analogues à l'égard des corps de métiers et des communes rurales (3). Mais il semble bien qu'il faille voir là moins une institution régulière qu'une manière de sortir d'embarras dans des circonstances difficiles.

Deux autres cantons, le Valais et les Grisons, offraient l'exemple d'une pratique curieuse qui portait déjà le nom de referendum.

(1) *Op. cit.*

(2) 35 consultations eurent lieu dans la première forme, 22 dans la seconde et 31 dans la troisième.

(3) Curti, *Geschichte der schweizerischen Volksgesetzgebund*, Zurich, 1885, p. 8, 9 et 127.

Le Valais était divisé en Valais supérieur et en Valais inférieur. Le premier, formé de sept petites républiques ou dixains (*Zehnten*), administrait en commun avec l'évêque de Sion les trois dixains du Valais inférieur, sorte d'État sujet, comme il s'en trouvait beaucoup en Suisse à cette époque. Une Diète nationale s'occupait des affaires du pays. Elle était composée de l'évêque, du chef militaire, choisi par l'évêque et les sept dixains, et de 4 députés par dixain. Les décisions de la Diète n'étaient prises qu'*ad referendum* et devaient être approuvées par la majorité des dixains pour avoir force de loi.

Dans les Grisons fonctionnait une institution analogue (1). Les Grisons étaient essentiellement une fédération de communes. C'est ce caractère de leur constitution qui amena la pratique du referendum. Les communes étaient divisées en trois ligues : ligue grise, ligue de la maison de Dieu et ligue des dix juridictions. Les délégués des communes des trois ligues se réunissaient tous les ans, en été, dans une Diète. Munis d'instructions précises, ils en donnaient lecture au commencement de la session et les résolutions prises en Diète étaient subordonnées à la ratification des communes. « Ce n'étaient généralement pas, dit M. Deploige, des questions de législation qui étaient soumises au referendum. Les objets du referendum étaient plutôt des questions administratives d'intérêt commun ou des

(1) Pour plus de détails sur le referendum des Grisons, voir Deploige, *op. cit.*, p. 16 et suiv.

questions de politique étrangère ». Le droit civil et le droit pénal étaient l'affaire particulière des ligues ou même des simples communes (ligue de la maison de Dieu) (1).

B. — *Deuxième période de l'histoire du referendum en Suisse.*

Avec la Constitution de 1798 s'ouvre pour la Suisse l'ère des temps modernes.

La Révolution française eut son contre-coup en Suisse, contre-coup violent, et qui devait donner naissance, dans un espace de peu d'années, à une série de constitutions. Beaucoup en avaient déjà embrassé les idées avec enthousiasme quand les armées du Directoire pénétrèrent dans le pays. Le lien fédéral, qui n'avait jamais été bien serré en Suisse, était toujours allé en se relâchant depuis la Réforme. La Suisse ne put donc opposer aucune résistance à l'envahisseur, qui, trouvant l'occasion d'appliquer à un autre pays les principes qu'il avait proclamés chez lui avec tant d'éclat, se hâta de donner à la Suisse une constitution fabriquée de toutes pièces sur le modèle de la constitution française, sans se préoccuper un instant de savoir si elle convenait au génie, aux mœurs, aux traditions du pays. Cette constitution qu fut promulguée le 12 avril 1798 est un chef-d'œuvre d'illogisme. D'un pays composé de nombreux États, aux

(1) Les questions rentrant dans la compétence des communes étaient décidées par les électeurs communaux réunis en *Gemeinde*.

constitutions les plus diverses, essentiellement particularistes, le législateur français voulut faire une république unitaire, centralisée, organisée administrativement et hiérarchiquement : c'était le triomphe de l'idée jacobine. L'article 2 de la Constitution portait : « L'ensemble des citoyens est le souverain et le maître suprême ». Le gouvernement représentatif était établi. Les anciens cantons devenaient de grands districts administratifs de l'Helvétie. L'œuvre ne pouvait durer. Venue de l'étranger, imposée par la force, elle était condamnée à l'impopularité lors même qu'elle eût été parfaite, et ce n'était pas le cas. Elle fut pour la Suisse la première de cette série d'expériences constitutionnelles qui ont abouti à la Constitution actuelle.

A la fin d'avril 1801, des délégués suisses se rendirent à Paris et reçurent des mains de Bonaparte un projet de constitution qui restituait aux cantons, dans une certaine mesure, leur ancienne autonomie. Mais, avant de se réaliser, le projet passa par bien des vicissitudes. Adopté provisoirement par le Conseil législatif, remanié successivement d'abord par les centralistes, le 24 octobre 1802, puis par les fédéralistes, le 27 février de la même année, il donna finalement naissance à la Constitution du 20 mai 1802.

Cette constitution présente pour l'étude de notre sujet un intérêt particulier. Elle marque la première apparition du referendum constitutionnel en Suisse (1). « Pro-

(1) On peut y voir aussi une application du veto constitutionnel, puisque les abstentionnistes furent considérés comme acceptants.

posée par une assemblée de notables, la Constitution fut soumise au vote de tous les citoyens suisses au-dessus de 20 ans. Le vote eut lieu dans les communes et les votants purent s'inscrire pendant quatre jours pour l'acceptation ou le rejet sur les registres des communes » (1). Le résultat fut assez curieux. 72.453 citoyens votèrent pour, 92.453 votèrent contre et cependant la Constitution fut déclarée adoptée, les abstentionnistes ayant été considérés comme acceptants : or ils étaient au nombre de 167,172.

Inutile de nous arrêter plus longtemps sur cette constitution, qui fut aussi éphémère que la précédente. Les fédéralistes ayant tenté une revision, qui échoua, Bonaparte intervint. L'*Acte de médiation*, imposé par le premier consul le 19 février 1803, ouvrit pour la Suisse une ère d'apaisement. C'était une œuvre de conciliation entre les idées traditionnelles de la Suisse et les principes nouveaux proclamés par la Révolution « entre le présent et le passé, entre les besoins de concentration politique qui commençaient à se produire et les besoins d'autonomie locale qui existaient alors et qui existent encore aujourd'hui » (2). L'*Acte de médiation* fit de la Suisse un État fédératif composé de 19 cantons. La Diète réapparut avec son ancien caractère de Congrès, mais modifiée dans sa composition : les six grands cantons (3) envoyaient

(1) Voir Curti, *op. cit.*, p. 105 à 111.

(2) Duvergier de Hauranne, La Suisse et sa constitution. *Revue des Deux-Mondes*, n° du 15 avril 1873.

(3) C'étaient les cantons peuplés de plus de 100.000 âmes.

deux délégués et les autres un seul. La souveraineté des cantons fut rétablie. « Ils jouissent, dit l'article 12, de tous les pouvoirs qui n'ont pas été expressément délégués à l'autorité fédérale ». Aux cantons qui la possédaient autrefois on rendit la *Landsgemeinde*. Le referendum fut rétabli dans les Grisons. Enfin dans les autres cantons on introduisit le régime représentatif.

L'Acte de médiation régit la Suisse jusqu'en 1813. A cette époque s'engagèrent des luttes constitutionnelles très vives. L'ancienne Confédération fut rétablie sous la présidence de Zurich. Le Congrès de Vienne dut intervenir. Les 19 cantons existants furent maintenus malgré l'opposition des anciens États souverains et 3 nouveaux cantons furent créés : Genève, Neufchâtel et le Valais.

Le 7 août 1815 les représentants des 22 cantons jurèrent, à Zurich, le *Pacte fédéral*. Bien que ce *Pacte* soit resté en vigueur jusqu'en 1848, il ne donna pas à la Suisse la tranquillité dont elle avait besoin. La Diète devait être désormais composée de vingt-deux députés, un par canton, ce qui assurait la prépondérance absolue de la souveraineté cantonale. Ces députés votaient d'après les instructions reçues de leurs gouvernements. La Diète siégeait à tour de rôle dans les villes de Zurich, Berne et Lucerne. Le canton, où se tenait cette assemblée, devenait *Vorort* ou canton directeur ; il déléguait quelques-uns des membres de son gouvernement pour veiller, sous le nom de Directoire, à l'exécution des décisions prises.

Le *Pacte fédéral* rendait aux cantons toute liberté au sujet de leurs constitutions respectives. Seulement l'article 7 portait qu'il « n'existait plus en Suisse de pays sujets » et que « de même aussi la jouissance des droits politiques ne pouvait jamais, dans aucun canton, être un privilège exclusif en faveur d'une classe de citoyens ». Le referendum, maintenu dans les Grisons, fut rétabli, mais avec un caractère nouveau, dans le Valais, où il avait été supprimé en 1802 sous l'influence française, par la Constitution du 12 mai 1815. Les projets de loi, préparés par le Conseil d'État, ne devaient désormais entrer en vigueur qu'après avoir été sanctionnés par la majorité des Conseils des Dixains. En matière de lois financières, de capitulations militaires et de naturalisation à accorder à un étranger, il fallait en référer aux conseils des communes. — Certains cantons à *Landsgemeinde* modifièrent l'organisation du droit d'initiative populaire (1). A Zug, la *Landsgemeinde* perdit le droit de sanctionner les lois et ne conserva que l'élection des magistrats. — Les autres cantons, où l'influence de la Révolution française avait fait établir les institutions représentatives, virent l'aristocratie ressaisir une partie de son ancienne autorité du jour où cette influence fut ruinée. On conserva bien le système représentatif, mais en en faussant le mécanisme au moyen d'un cens électoral élevé et de privilèges accordés à certaines villes.

(1) Cf. Keller, *Das Volksinitiativrecht nach den Schweizerischen Kantonsverfassungen*, p. 10 et 18.

Mais bientôt les choses changèrent. La démocratie, un moment arrêtée dans son essor, reprit sa marche ascendante. Ce fut à St-Gall, à la suite de la Révolution de 1830, qu'éclata la réaction contre le régime représentatif tel qu'il avait été pratiqué depuis 1815. La lutte fut vive entre les démocrates et les parlementaires. Les premiers, ayant pour chef Félix Diog, de Rapperswyll, réclamaient pour le peuple le droit de sanctionner les lois, c'est-à-dire le referendum, et le droit de présenter des projets de loi, c'est-à-dire l'initiative populaire. C'étaient les théories du *Contrat social* qui formaient le fond du raisonnement sur lequel s'appuyaient ces réclamations. La guerre civile fut sur le point d'éclater, mais le différend se termina par une transaction due au Dr Henne. On écarta le referendum et l'initiative populaire, mais on admit le *veto*, c'est-à-dire, suivant les termes mêmes de la Constitution, « le droit pour le peuple, en vertu de sa souveraine puissance, de ne pas reconnaître une loi et d'en empêcher l'exécution » (art. 3 de la Constitution). La nouvelle institution prit place dans la Constitution du 1er mars 1831. Adoptée par la Constituante à la majorité de 75 voix contre 66, cette constitution fut soumise au vote du peuple. Il y eut 9.190 oui, 11.091 non et 12.692 abstentions; mais, comme, sous le régime du *veto*, les abstentionnistes sont considérés comme acceptants, la nouvelle constitution fut déclarée adoptée « à une grande majorité ». De St-Gall, le *veto* passa dans les cantons de Bâle-campagne (1832), du Valais (1839), de Lucerne (1841). Son échec à Zurich, en 1842, arrêta ses progrès. En 1844 le Valais remplaça le veto par le referendum obligatoire. En 1845 le canton de Vaud inaugura une institution, déjà en vigueur dans les cantons à *Landsgemeinde* et qui était appelée à une brillante fortune : l'initiative populaire. En 1846, enfin, Berne admit un referendum facultatif de la part du Grand Conseil, ce qui constitue un des rares exemples de cette sorte de referendum.

Pendant que se produisait cette évolution des cantons vers la démocratie, la situation de la Confédération était loin d'être brillante. Le Pacte fédéral portait en lui de nombreux germes de destruction. « En partageant le pouvoir exécutif entre les trois cantons de Berne, de Zurich et de Lucerne, dit M. Duvergier de Hauranne (1), il instituait trois influences dominantes et nécessairement rivales ; en refusant aux cantons toute représentation proportionnelle au nombre de leurs habitants, il permettait aux petits cantons de se coaliser pour opprimer les grands et devait mettre ces derniers dans la nécessité de se révolter un jour ou l'autre contre la majorité de la Diète. Une fédération aussi mal équilibrée ne pouvait engendrer que la guerre civile ». Elle n'éclata pas tout de suite cependant ; mais, pendant dix ans, la Suisse fut livrée à l'anarchie. Au milieu des progrès sans cesse grandissants de la démocratie, tandis que les

(1) *Op. cit.*

cantons profitaient de leur liberté pour reviser leurs constitutions dans un sens plus conforme aux aspirations populaires, le *Pacte fédéral* constituait un véritable anachronisme. La guerre du *Sonderbund* acheva de mettre en pleine lumière les vices de cette constitution. Les sept cantons catholiques de Lucerne, Schwytz, Uri, Unterwalden, Fribourg, Zug et le Valais ayant formé une ligue politique et militaire, au mépris de la Constitution, contre les cantons protestants, le pouvoir central se trouva dans l'obligation d'intervenir. Mais l'incertitude qui régnait dans la Diète le mit, pendant un temps, dans l'impossibilité d'agir. Enfin une majorité se forma qui permit de déclarer la ligue dissoute. Une expédition fut organisée et les cantons de Fribourg et de Lucerne occupés (1).

Le parti radical, triomphant, abusa de sa victoire. Les élections à la Diète se firent sous sa pression. Les persécutions exercées contre les vaincus amenèrent des troubles... et c'est de cette révolution qu'est sortie, cependant, la constitution de 1848, l'une des institutions, dit M. Duvergier de Hauranne (2), les plus sages et les meilleures qu'ait jamais eues la Suisse. Ce fut une transaction entre les idées des radicaux, partisans de la centralisation et d'une assemblée nationale unique nommée par le peuple, et celles des fédéralistes, défenseurs de l'autonomie des cantons. « En 1848, dit M. Es-

(1) Voir Duvergier de Hauranne, *op. cit.*
(2) *Op. cit.*

mein (1), la Confédération suisse, tout en gardant son nom, se changeait en un véritable État fédératif ».

Voici les grandes lignes de cette constitution, qui est du 12 septembre 1848. L'Assemblée fédérale, composée du Conseil national, représentant le peuple suisse, et du Conseil des États, représentant les cantons, exerçait l'autorité suprême de la Confédération (art. 60). L'article 79 prenait soin de spécifier que les membres des deux Conseils votaient sans instructions : c'était l'abolition de l'ancien referendum. Le pouvoir exécutif de la Confédération était confié au Conseil fédéral composé de sept membres. Enfin, ce qui est plus intéressant pour nous, la Constitution consacrait, mais en matière constitutionnelle seulement, l'initiative populaire (art. 113) et le referendum (art. 114).

Voici le texte de ces deux articles :

Art. 113. « Lorsqu'une section de l'Assemblée fédérale décrète la revision de la Constitution fédérale et que l'autre section n'y consent pas, ou bien lorsque 50.000 citoyens suisses ayant droit de voter demandent la revision, la question de savoir si la Constitution fédérale doit être revisée est, dans l'un comme dans l'autre cas, soumise à la votation du peuple suisse par oui ou par non.

« Si, dans l'un ou l'autre de ces cas, la majorité des citoyens suisses prenant part à la votation se prononce

(1) *Éléments de droit constitutionnel.*

pour l'affirmative, les deux Conseils sont renouvelés pour travailler à la revision ».

Art. 114. « La Constitution fédérale revisée entre en vigueur lorsqu'elle a été acceptée par la majorité des citoyens suisses prenant part à la votation et par la majorité des États ».

Quant aux constitutions cantonales elles devaient, pour obtenir la garantie fédérale, avoir été acceptées par le peuple et pouvoir être revisées lorsque la majorité absolue des citoyens le demandait.

L'adoption de la Constitution de 1848 n'arrêta pas la marche en avant de la démocratie dans les cantons. Sans doute Schwytz et Zug, comme nous l'avons déjà vu, durent abandonner leur *Landsgemeinde* rendue impossible par l'accroissement de leur population ; mais ce fut pour prendre le referendum. En 1852, le Valais, qui avait supprimé le referendum en 1848, le reprit sous la forme de referendum financier. Thurgovie, en 1849, et Schaffhouse, en 1852, adoptèrent l'institution surannée du veto : l'expérience ne fut plus tentée après eux. En 1852 aussi, l'Argovie introduisit dans sa constitution le droit d'initiative. En 1853 les Grisons remanièrent leur ancien referendum et le mirent en harmonie avec les idées du jour. Soleure admit en 1856 le referendum facultatif. Deux ans plus tard, Neufchâtel prit le referendum financier, à la suite du concours donné par le Grand Conseil à la construction d'un chemin de fer d'intérêt local. Tout emprunt ou engagement financier, dépassant la somme de 500.000 francs, dut être soumis à la ratification du peuple. Enfin l'année 1863, dit M. Hilty (1), inaugura à Bâle-campagne le règne, bientôt prépondérant, du referendum obligatoire. A l'exemple des Grisons, la Constitution de ce demi-canton disposa, d'une manière absolue, que toutes les lois, décisions et contrats d'une portée générale devraient, après une publication de 30 jours dans la feuille officielle, être présentés au peuple dans ses assemblées communales pour qu'il les acceptât ou les rejetât à la majorité des votants. Zurich, Berne, Thurgovie, Argovie suivirent cet exemple en 1869. Berne, secondé par Argovie, y ajouta même la votation sur un budget normal à fixer pour 4 ans. Soleure remplaça le referendum facultatif par le referendum obligatoire. Ce fut une brusque poussée de l'esprit démocratique à laquelle résistèrent seuls Genève, Bâle-ville, le Tessin et Fribourg. Les trois premiers cantons ont fini par suivre le mouvement et aujourd'hui il n'y a plus que Fribourg qui ait conservé le régime représentatif pur. Tout le monde s'accorde d'ailleurs pour reconnaître qu'il n'y subsistera plus longtemps.

Quelle fut la cause de ces succès rapides de la démocratie dans les cantons suisses? Sans doute, dit M. Deploige, la contagion de l'exemple et la tactique des partis ont certainement contribué à propager la démo-

(1) *Op. cit.*

cratie directe, mais « le grand secret de l'évolution de la démocratie dans les cantons suisses » est ailleurs. M. Deploige (1) le trouve avec raison dans l'omnipotence accordée au Grand Conseil, assemblée unique qui concentrait entre ses mains toute l'autorité gouvernementale. « On n'a pensé en 1830 qu'à introduire dans la machine gouvernementale un moteur tout puissant ; on a oublié d'y mettre un frein » et alors « on s'est vu réduit à chercher dans la sanction populaire, tout inintelligente et passionnée qu'elle est, le seul contrôle vraiment efficace auquel pût être soumis le Grand Conseil, la seule borne qu'il fût possible d'opposer aux empiètements de cette assemblée souveraine et aux progrès ultérieurs de son omnipotence (2) ».

Les idées qui s'étaient réalisées dans chaque canton pris isolément, ne devaient pas tarder à faire leur apparition dans la Confédération.

C'est en 1864, à propos d'un traité de commerce conclu le 30 juin avec la France et qui reconnaissait à tous les Français le droit d'établissement, tandis que le même droit n'appartenait qu'aux Suisses de confession chrétienne, que la question de la revision se posa. Elle fut soulevée par les israélites suisses. L'Assemblée fédérale y donna son assentiment et le Conseil fédéral, chargé du rapport sur la question, en profita pour indiquer quelques autres articles à reviser. Appelé à voter

(1) *Op. cit.*, p. 52 et suiv.
(2) Cherbuliez, *La Démocratie en Suisse*, t. II, p. 35.

sur le projet de revision le 14 janvier 1866, le peuple ne laissa passer que les dispositions qui conféraient l'égalité civile aux juifs et qui décidaient l'unification des poids et mesures. Les sept autres dispositions comprises dans le projet furent repoussées par suite des manœuvres des radicaux qui n'admettaient qu'une revision totale. On put voir alors se dessiner le mouvement d'opinion qui devait aboutir à l'introduction dans la constitution fédérale du referendum purement législatif. Les radicaux, partisans de la centralisation, voulaient attribuer à l'Assemblée fédérale le droit exclusif de légiférer en matière civile, pénale et commerciale (1). Mais d'un autre côté il fallait tenir compte du mouvement démocratique qui s'était opéré dans les cantons. Les démocrates entendaient subordonner cet accroissement d'attributions du pouvoir central à l'extension des droits populaires et réclamaient en conséquence pour le corps électoral suisse la faculté de se prononcer sur les lois fédérales (2). Des polémiques très vives s'engagèrent à ce sujet dans la presse entre parlementaires et démocrates, les premiers, conduits par M. Dubs, les seconds, par MM. Hilty, Gengel et Bernet.

(1) En cherchant à fortifier l'autorité centrale, les radicaux poursuivaient un double but : assurer la prépondérance des grands cantons allemands où se recrutait surtout le parti radical et abattre la puissance de l'Église romaine dans les cantons catholiques. « Trois mots, dit M. Deploige, résumaient leur programme : une armée, un droit, guerre à l'ultramontanisme ».

(2) Arthur Desjardins, *De la liberté politique dans l'État moderne.*

Ces discussions n'étaient que le prélude de celles dont l'Assemblée fédérale allait être le théâtre. La question de la revision y fut portée en novembre 1871. M. Brünner, président du Conseil national, posa nettement les données du problème dans son discours d'ouverture.

« Il s'agit de savoir, dit-il, si et de quelle manière l'intervention directe du peuple est admissible dans les affaires législatives du pays. C'est là que les opinions s'entrechoquent..... Depuis que le referendum a été introduit dans la plupart des cantons, il est, à mon avis, impossible, politiquement parlant, de faire une revision dans un sens centralisateur, sans reporter sur le peuple suisse en son entier les droits que cette revision enlève aux cantons ».

Le referendum rencontra dans l'Assemblée des adversaires convaincus, tels que MM. Gonzenbach, Welti, Carteret. Le premier, tout en reconnaissant que le referendum peut être nécessaire, là où il n'y a qu'une assemblée unique, le rejetait dans un pays où le pouvoir législatif est confié à deux Chambres et où les lois sont soumises à une double délibération. Le second déclarait le peuple incapable de remplir les fonctions de législateur, trouvant d'ailleurs dans le suffrage universel, la liberté de la presse, le droit de réunion, des garanties suffisantes de la liberté. M. Carteret repoussait tout : referendum, veto et initiative populaire mais préconisait le droit de révocation : il fut battu par 61 voix contre 38 (1). Une proposition de M. Borel, tendant à instituer un referendum facultatif de la part des Conseils fédéraux, aboutit à un nouvel échec. Enfin le veto, mis en avant par M. Anderwert, eut encore moins de succès : il ne recueillit que 19 voix contre 69. Le referendum obligatoire ayant été écarté, il ne restait plus que le referendum facultatif. On s'y rallia et on admit à côté l'initiative populaire : pour la mise en mouvement des deux institutions il fallait une demande émanée de 50.000 citoyens suisses ou de 5 cantons. Soumis au peuple le 12 mai 1872, le projet de constitution revisée fut repoussé par 13 cantons contre 9 et par 261,072 voix contre 255,609. Le parti vainqueur était composé des cantons romands et des cantons catholiques. Mais ce fut un triomphe éphémère. Sans se décourager les radicaux travaillèrent à rompre « l'union contre nature » des protestants français et des catholiques allemands. Ils préparèrent un nouveau projet où, comme le dit M. Deploige, ils s'en donnèrent à cœur joie « sur le dos des ultramontains ». Les anciennes dispositions étaient considérablement modifiées : l'initiative populaire disparaissait, le nombre des signatures exigées pour la validité d'une demande de referendum était abaissé de 50.000 à 30.000 ; en revanche on élevait de 5 à 8 le nom-

(1) « Le referendum, proclamait M. Carteret en pleine assemblée délibérante, est un sabot. Le peuple est apte à juger les hommes mais il commet de lourdes erreurs en se prononçant sur les choses. Le referendum, l'initiative, tout cela n'est que de la ferblanterie démocratique ».

bre des cantons sur la réclamation desquels une loi fédérale devait être soumise au verdict du peuple. Cette dernière disposition était dirigée contre les cantons catholiques pour les empêcher de faire pièce trop facilement à l'Assemblée fédérale (1). Présenté au peuple le 19 avril 1874, le nouveau projet fut adopté par 13 cantons 1/2 contre 8 1/2 et par 340,199 voix contre 198,013.

Le 5 juillet 1891, la constitution suisse a subi une modification importante par suite de l'introduction dans le domaine fédéral, mais en matière constitutionnelle seulement, de l'initiative populaire. Elle a été adoptée par 18 cantons contre 4 et par 183,029 voix contre 120,599.

Telles sont les phases qui ont marqué l'histoire du referendum en Suisse. On voit avec quelle rapidité la démocratie s'y est propagée. Elle n'a pas encore dit son dernier mot : l'adoption de l'initiative populaire, en 1891, pour la revision de la constitution fédérale, le prouve bien. « Les admirateurs du régime représentatif pur, dit M. Numa Droz, doivent en faire leur deuil ; ce régime, qui a puissamment favorisé l'éclosion et le développement du libéralisme, a fait son temps en Suisse. On ne remontera pas le courant qui l'a emporté (2) ». Ce n'est pas que tout le monde soit d'accord en Suisse sur les mérites du referendum. Nous avons

(1) Arthur Desjardins, *op. cit.*
(2) Numa Droz, *op. cit.*

vu, par les débats auxquels il donna lieu à l'Assemblée nationale, quelle opposition il souleva chez les hommes les plus autorisés. Les épithètes désobligeantes ne lui ont pas été épargnées. On l'a traité de sabot, parce qu'il a plus souvent dit non que oui, de ferblanterie démocratique, de phylloxéra de la démocratie. Mais ses adversaires les plus acharnés ont fini par s'incliner devant le fait accompli, suivant en cela les sages conseils de M. Droz. « Depuis longtemps, écrivait en 1882 l'éminent homme d'État, je suis d'avis qu'au lieu de maudire le referendum de toutes les mésaventures qu'il a occasionnées, on ferait mieux de s'habituer à vivre avec lui et de le perfectionner, mais surtout de se perfectionner soi-même. Entre l'esprit de bouderie et l'esprit de démolition, l'esprit de patriotisme devrait trouver sa place et jouer le rôle prépondérant (1) ». Il s'est même produit un curieux revirement dans les idées des partis politiques au sujet du referendum. « Chose bizarre, dit M. Gavard, cette innovation, préconisée par le radicalisme avancé, a fait immédiatement fortune chez les conservateurs réduits au rôle d'opposants. Genève, par exemple, doit le referendum à la coalition des cléricaux, disciples de M. Mermillod, et des protestants calvinistes, qui, sous le nom de parti démocratique, se sont subitement, depuis 15 ans, pris d'un bel amour

(1) Numa Droz, *op. cit.*

pour les droits populaires. Pour être tardive, la conversion n'en est pas moins éclatante (1) ».

Bref, aujourd'hui, en Suisse, ceux mêmes, qui n'en sont pas partisans, reconnaissent que le referendum est, comme le suffrage universel, une de ces institutions qu'on peut maudire tout bas, mais dont nul ne songerait sérieusement à demander la suppression.

SECTION II. — **États-Unis.**

On ne trouve aucune trace de referendum dans le gouvernement fédéral. Le mouvement en faveur de la législation directe ne s'est pas fait sentir jusqu'ici en dehors des États particuliers de l'Union. Mais, pour celui qui étudie la vie politique des États-Unis, les constitutions des États ont bien plus d'importance que la constitution fédérale. Selon le mot de Williams, un citoyen américain peut passer toute sa vie sans avoir une seule fois à invoquer les lois fédérales et à mettre en mouvement les pouvoirs de l'Union. « La Constitution fédérale n'est qu'un fragment et n'a point à elle seule de sens défini. C'est un corps dont on n'aperçoit que la tête, les pieds et les mains, tout ce qui sert à la vie de relation, tandis que le tronc tout entier reste caché avec les organes qui entretiennent la vie proprement dite, la vie végéta-

(1) Gavard, *op. cit.*

tive. Ce surplus essentiel ce sont les constitutions des États (1) ».

Pour avoir fait moins de bruit aux États-Unis qu'en Suisse, le referendum n'y tient pas une place beaucoup moins considérable. Les développements qu'il a pris dans la grande république américaine offrent même un caractère original. « Systématiquement, c'est en Suisse qu'il s'est surtout développé ; historiquement, c'est aux États-Unis qu'il est en voie de se différencier et de se plier à toutes les formes et à tous les besoins de la vie politique moderne (2) ». La coutume a joué ici un rôle plus grand que les constitutions.

Il faut remonter aux colonies anglaises fondées dans l'Amérique du Nord par les Puritains pour trouver les premières applications de la participation directe du peuple à la confection des lois. Lorsqu'ils débarquèrent en Amérique, les Puritains, sans passé derrière eux qui les gênât, se constituèrent en sociétés, réalisant presque, grâce à des chartes libérales, l'idéal de la démocratie. Les *freemen* ou colons libres jouissaient du droit de suffrage politique. Ils se réunissaient dans des assemblées générales où ils nommaient les magistrats et faisaient les lois. Cela ne dura pas. Les mêmes causes, qui partout ont fait abandonner le gouvernement direct, agi-

(1) E. Boutmy, *Etudes de droit constitutionnel*, p. 105 et 106.

(2) Saleilles, Analyse du livre de M. Oberholtzer sur le referendum en Amérique. *Revue du droit public et de la science politique*, 1re année, t. II.

rent là comme ailleurs. L'accroissement du nombre des citoyens rendit bientôt impossible la réunion de l'assemblée générale. Il fallut adopter le système représentatif. D'ailleurs la valeur propre de ce régime entra peut-être pour quelque chose dans cette détermination. M. Esmein (1) fait remarquer, en effet, que, même après son adoption, les colons continuèrent à élire directement les magistrats supérieurs en permettant, il est vrai, aux électeurs d'envoyer leur vote par écrit à l'assemblée générale. Le referendum fit à ce moment une courte apparition dans certaines colonies où il servit de transition entre le gouvernement direct et le gouvernement représentatif : les lois votées par l'assemblée des députés devaient ou pouvaient, suivant les cas, être soumises à la ratification du peuple.

Lorsque l'indépendance fut proclamée le gouvernement représentatif était seul pratiqué. Deux Etats cependant soumirent leurs premières constitutions au vote du peuple : le Massachusetts (1778-1780) et le New-Hampshire (1779-1784). Plus tard le Mississipi et le Missouri (1817-1820) entrèrent dans l'Union avec des constitutions ratifiées par le peuple. Mais la pratique actuelle, qui soumet au suffrage populaire toute revision partielle ou totale, ne date véritablement que de l'année 1821 où l'Etat de New-York adopta ce système pour la revision de sa constitution. Il n'y a plus aujourd'hui

(1) *Op. cit.*

que le Delaware qui déroge à ce principe démocratique. « Il y a là, dit M. Esmein, un mouvement d'autant plus curieux qu'il ne semble pas avoir été soulevé par quelque grande campagne politique, mais s'être propagé naturellement et pacifiquement sur un terrain bien préparé d'avance » (1). C'est simplement le résultat d'une évolution coutumière, s'appliquant à des formes très souples et très flexibles dont l'élasticité permet de ne rien forcer, tout en laissant le champ librement ouvert aux expériences. C'est dans le domaine législatif que cette évolution s'est surtout manifestée. Pour certaines matières, le referendum est obligatoire, étant prévu par la constitution de l'État ; mais pour les autres matières, sur lesquelles la constitution est muette, on en est arrivé à les soumettre aussi au referendum dès qu'elles sont un peu importantes, ce qui ne laisse pas de soulever des objections constitutionnelles très fortes, dont les décisions de plusieurs Cours se sont faites l'écho.

Mais où l'institution a atteint son plus grand développement, c'est dans les subdivisions locales : comté, cité, village, town-ship... Là est même la véritable origine du referendum en Amérique. C'est dans les town-meetings, dans les assemblées populaires où se réglaient les affaires de la communauté que le principe apparaît dans sa forme la plus pure. Il prévalut dans la Nouvelle Angleterre dès les premiers règlements de la contrée. Il

(1) Esmein, *op. cit.*

y a entre le referendum et le town-meeting aux États-Unis le même lien qu'en Suisse entre le referendum et la Landsgemeinde. N'est-ce pas une coïncidence curieuse, en effet, que des treize États primitifs, onze ayant rédigé leurs constitutions pendant la période révolutionnaire, les deux seuls qui les soumirent au vote du peuple furent, comme nous l'avons vu, Massachusetts et New-Hampshire, où le peuple, depuis longtemps, faisait ses lois locales dans les town-meetings? Aujourd'hui encore les droits des électeurs sont absolus dans les États qui pratiquent les town-meetings ; l'assemblée des citoyens discute et vote les mesures d'intérêt municipal. Dans d'autres États, c'est la législature elle-même qui a appelé le peuple à voter les mesures d'intérêt communal constituant des innovations. Les lois qui les réalisent en subordonnent l'application dans les communes à l'adhésion du peuple. Seulement ce procédé est d'une constitutionnalité très douteuse.

CHAPITRE II

TENTATIVES D'APPLICATION DU REFERENDUM DANS CERTAINS PAYS.

SECTION I. — **France.**

Il est à peine besoin de dire qu'il ne fut pas question du referendum en France sous l'ancien régime. Le nom et la chose y étaient complètement inconnus. Mais la Révolution, qui se livra à tant d'expériences au point de vue social et politique, ne pouvait manquer d'essayer d'un système démocratique au plus haut chef. Seulement le referendum ne sortit pas tout armé du cerveau des législateurs révolutionnaires. Rousseau avait passé par là. C'est lui, en effet, qui a le plus puissamment agi sur l'opinion du XVIIIe siècle et qui, plus encore que Montesquieu, servit de guide aux législateurs de la Révolution. « L'homme, dit M. St-Girons, qui a exercé la plus grande influence sur la Constituante et surtout sur la Convention, le philosophe politique dont les doctrines se font sentir dans tous les événements révolutionnaires, c'est J. J. Rousseau » (1).

Quelles étaient donc les idées de Rousseau ? La sou-

(1) St-Girons, *Essai sur la séparation des pouvoirs.*

veraineté, suivant lui, appartient au peuple. Or « la souveraineté, n'étant que l'exercice de la volonté générale, ne peut jamais s'aliéner et le souverain, qui n'est qu'un être collectif, ne peut être représenté que par lui-même : le pouvoir peut bien se transmettre mais non la volonté » (1). Il faut donc écarter le gouvernement représentatif. L'idéal, c'est le gouvernement direct, tel qu'il fut pratiqué dans l'antiquité. Seulement il a un inconvénient, et Rousseau le reconnaît de bonne foi, c'est d'être d'une application impossible dans les sociétés modernes. Rousseau avoue d'ailleurs que la démocratie est une chimère. « A prendre le terme dans la rigueur de l'acception, il n'a jamais existé de véritable démocratie et il n'en existera jamais. Il est contre l'ordre naturel que le grand nombre gouverne et que le petit soit gouverné. On ne peut imaginer que le peuple reste incessamment assemblé pour vaquer aux affaires publiques et l'on voit aisément qu'il ne saurait établir pour cela des commissions sans que la forme de l'administration change » (2). Et Rousseau continue à faire avec beaucoup de verve et de bon sens le procès de la démocratie. Conclusion : « S'il y avait un peuple de dieux, il se gouvernerait démocratiquement. Un gouvernement si parfait ne convient pas à des hommes » (3). De ces deux formes de gouvernement, l'une ne valant rien et l'autre

(1) *Contrat social*, liv. II, chap. I.
(2) *Ibid.*, liv. III, chap. IV.
(3) *Ibid.*

étant inapplicable, Rousseau en préconise une troisième qui n'est que la combinaison des deux premières. « Les députés du peuple ne sont donc et ne peuvent être ses représentants ; ils ne sont que ses commissaires ; ils ne peuvent rien conclure définitivement. Toute loi que le peuple en personne n'a pas ratifiée est nulle ; ce n'est point une loi » (1). N'est-ce pas là le principe du referendum obligatoire ? Le mot n'est pas prononcé, mais la chose y est. Pour Rousseau, les assemblées ne font qu'œuvre provisoire ; le projet ne devient loi qu'après la ratification directe du peuple souverain. Ces idées allaient faire fortune sous la Révolution : « Rousseau, dit M. de Greef, était du reste logique jusqu'au bout et la Révolution, dans sa période ascendante, le fut après lui. Si le peuple est souverain, les chefs de l'État ne doivent être que les officiers du peuple ; toutes les lois doivent être soumises à la sanction de celui-ci ; c'est le referendum dans toute son étendue ; sa conclusion est la législation directe ; le gouvernement n'est que le ministre du souverain ; la souveraineté du peuple réside dans la nation qui seule a la puissance législative » (2).

Lorsqu'éclata la Révolution, cependant, ce fut d'abord l'influence de Montesquieu qui se fit sentir. Les membres de l'Assemblée Constituante étaient, pour l'immense majorité, partisans du système représentatif pur. Le principe contraire comptait néanmoins quel-

(1) *Op. cit.*, liv. III, chap. XV.

(2) De Greef, *La Constituante et le régime représentatif en Belgique*.

ques défenseurs, comme Pétion, Rabaud St-Étienne et Dupont de Nemours qui proposaient de soumettre au peuple les lois, auxquelles le roi aurait opposé son veto (1).

Les idées de Rousseau l'emportèrent bientôt. Dès sa première séance, le 21 septembre 1792, la Convention nationale vota à l'unanimité la résolution suivante : « La Convention nationale déclare qu'il ne peut y avoir de constitution que lorsqu'elle est acceptée par le peuple ». Ce principe devait avoir par la suite une fortune assez singulière et servir de base au césarisme.

Dans la séance du 11 octobre 1792 la Convention nomma son comité de Constitution où dominait l'élément girondin. Condorcet fut désigné comme rapporteur ; il déposa son projet à la Convention le 15 février 1793. Voici en quels termes il précise le caractère de son œuvre : « La Constitution nouvelle est représentative quant à la législation, à l'administration ; elle est démocratique pour les lois constitutionnelles et pour la censure des lois oppressives ou injustes émanées de ses représentants. Elle est représentative pour tout ce qui ne peut être ni bien fait, ni fait à temps que par une assemblée, pour ce qui, sans aucun danger pour la liberté, peut être confié à des représentants ; elle est immédiatement démocratique pour tout ce qui peut être fait à la fois par des assemblées séparées, pour ce

(1) *Archives parlementaires*, 1re série, t. VIII, p. 582.

qui ne peut être délégué sans exposer les droits du peuple (1) ». Le titre VIII du projet : « De la censure du peuple sur les actes de la représentation nationale et du droit de pétition » organisait un mécanisme très compliqué dont le veto et l'initiative populaire faisaient le fond (2).

Le projet des Girondins ne devait pas d'ailleurs aboutir. Mis à la discussion le 17 avril suivant, il occupa de loin en loin l'assemblée jusqu'au 27 mai, époque où il fut abandonné pour ne plus être repris.

Le 2 juin la Commune triomphante se substitua à la Convention. Le Comité de salut public fut chargé de préparer un projet de Constitution. Le 7 juin, le rapporteur, Hérault-Séchelles écrivit à la Bibliothèque nationale « pour qu'on lui apportât sur le champ les lois de Minos dont il avait un besoin urgent », besoin très urgent, dit Taine, puisqu'il devait livrer la constitution dans la semaine. Le 10 juin, en effet, Hérault-Séchelles déposa son rapport. J'en détache le passage suivant : « Nous pensons avoir rétabli sur la représentation nationale une grande vérité, connue sans doute, mais qui désormais ne restera probablement plus sans effet : c'est que la constitution française ne peut être appelée exclusivement représentative parce qu'elle n'est pas moins démocratique que représentative. En effet la loi n'est point le décret, comme il est facile de le démon-

(1) Buchez et Roux, t. XXIV, p. 103.
(2) *Ibid.*, t. XXIV, p. 136.

trer ; dès lors le député sera revêtu d'un double caractère : mandataire dans les lois qu'il devra proposer à la sanction du peuple, il ne sera représentant que dans les décrets ; d'où il résulte évidemment que le gouvernement n'est représentatif que dans toutes les choses que le peuple ne peut pas faire lui-même (1) ».

Le 24 juin les assemblées primaires furent convoquées et l'acte constitutionnel fut soumis à leur ratification. C'était la première application du principe posé par la Convention nationale le 21 septembre 1792. Le referendum constitutionnel sortait du domaine de la théorie pour entrer dans celui de la pratique. Il y eut 1,801,918 oui, contre 11,610 non.

Tandis que Rousseau considérait le referendum législatif comme toujours obligatoire, la Constitution de 1793, comme d'ailleurs celle des Girondins, ne l'admettait que sous une forme simplement facultative. Sauf cette différence, c'est la mise en pratique des théories du *Contrat social*. Les représentants du peuple ne sont que ses commis; celui-ci, en les choisissant, n'abdique pas ses pouvoirs entre leurs mains et conserve le droit de collaborer avec eux quand il lui plaît. Mais il faut distinguer à ce point de vue entre les décrets et les lois. Pour les affaires de peu d'importance, les affaires de l'année, les représentants ont un pouvoir souverain ; ils rendent des décrets qui sont définitifs. Pour les affaires d'intérêt général et

(1) Buchez et Roux, t. XXVIII.

permanent la ratification est réservée au peuple. Cette distinction entre les lois et les décrets, qui se trouvait déjà dans la constitution girondine, existe encore aujourd'hui dans la constitution suisse. Seulement, au lieu de fixer un critérium rationnel comme le faisait le projet de Condorcet, les auteurs de la Constitution de 1793 ont procédé par voie d'énumération (1).

Ceci posé voyons comment fonctionnait le referendum facultatif prévu par la Constitution.

Tout projet de loi était imprimé et envoyé à toutes les communes de la République sous ce titre : *loi proposée* (art. 58). Un délai de 40 jours était imparti pendant lequel le peuple pouvait se réunir en assemblées primaires. Si un cinquième des citoyens ayant le droit d'y voter en réclamait la convocation, l'assemblée primaire devait se former. Les 40 jours écoulés si, dans la moitié des départements plus un, le dixième des assemblées primaires s'était prononcé contre la loi, le corps législatif devait convoquer toutes les assemblées primaires de la République (art. 60) et si la majorité se prononçait encore contre le projet, la loi était définitivement écartée. Le délai légal s'était-il au contraire écoulé sans réclamation, le projet était accepté et devenait loi (art. 59).

Cette constitution ne présente pour l'étude de notre sujet qu'un intérêt théorique. Votée à la hâte par la Convention, préoccupée des troubles de l'intérieur et des

(1) Voir : *Réimpression de l'ancien Moniteur*, t. XV, p. 461.

dangers de l'extérieur, elle ne tarda pas à être suspendue par le décret du 10 octobre 1793 qui concentra tous les pouvoirs dans le Comité de salut public.

Le referendum fut appliqué à la Constitution du 5 fructidor an III votée par 1,057,390 voix contre 49,957 et à celle du 22 frimaire an VIII qui recueillit 3,011,700 suffrages contre 1,569.

Le vote du peuple intervint encore sous le nom de plébiscite, pour l'établissement du consulat à vie, puis pour celui de l'Empire. Le sénatusconsulte de l'an X fut adopté par 3,568,185 voix contre 9,074 et celui de l'an XII par 3,321,675 voix contre 2,599.

Plébiscite ou referendum, l'appel au peuple appliqué une dernière fois pour le vote de l'Acte additionnel, disparut avec le premier Empire pour ne reparaître qu'à la chute de la Monarchie.

Le 2 décembre 1851 marqua la rentrée en scène du Plébiscite qui devint l'instrument de règne du second Empire. La constitution finale du 21 mai 1870 qui organisait l'Empire libéral fut entièrement soumise au peuple. La chute du régime entraîna la ruine de l'institution et la plongea dans un discrédit dont elle ne s'est pas relevée. Le referendum s'est ressenti de la défaveur qui s'attache au plébiscite. Proposé par M. Naquet dans la séance du 28 janvier 1875, il ne fut pas appliqué au vote de la Constitution de 1875.

Bien des tentatives ont été faites depuis cette époque pour introduire le referendum en France; toutes les propositions déposées en ce sens à la Chambre ont été écartées par la question préalable.

Il y en eut une en mai 1881.

Le 11 août 1884, à l'assemblée nationale, M. Cuneo d'Ornano proposa, sans succès, un amendement ainsi conçu : « Faire précéder chaque loi constitutionnelle du préambule suivant, emprunté au décret de la Convention du 21 septembre 1792 : Il ne peut y avoir de constitution que lorsqu'elle est directement acceptée par la majorité du peuple ».

Le 7 juin 1886, M. Cuneo d'Ornano encore déposa sur le bureau de la Chambre en son nom et au nom de plusieurs de ses collègues une proposition de loi tendant à introduire un referendum facultatif dans la Constitution. Voici le texte de l'article unique de cette proposition :

« Lorsque des électeurs au nombre d'un million au moins demandent, par des pétitions dûment légalisées, qu'une proposition de loi, votée par le Sénat et la Chambre des députés, soit directement soumise au vote du peuple, le gouvernement appelle, dans le délai d'un mois, les collèges électoraux à se prononcer par oui ou par non sur la proposition dont il s'agit » (1).

Une tentative plus intéressante est celle qui fut faite le 16 juin 1890 pour l'introduction en France d'un refe-

(1) Cette proposition fut renvoyée à la commission d'initiative parlementaire qui conclut à la non-prise en considération, le projet ayant un caractère anti-constitutionnel.

rendum municipal. Nous y reviendrons lorsque nous étudierons le referendum communal.

Le 10 décembre 1890, le 26 novembre 1894, le 29 novembre 1895, nouvelles propositions, nouveaux échecs. La deuxième de ces propositions se produisit à propos de la loi sur les crédits nécessaires à l'expédition de Madagascar. M. Cuneo d'Ornano, toujours sur la brèche, déposa un amendement ainsi conçu : « La présente loi n'aura d'effet qu'après avoir été ratifiée par la nation consultée par voie de referendum ». Le président fit remarquer avec raison que la proposition était inconstitutionnelle comme contraire à l'article 1er de la Constitution. M. Cuneo d'Ornano soutint que ce qui n'est pas défendu est permis. « De ce que les lois ordinaires sont faites par la Chambre et le Sénat, en vertu de l'article 1er de la Constitution actuelle, il ne s'ensuit pas qu'il soit interdit à la Chambre et au Sénat de consulter directement la nation par une sorte d'enquête directe sur l'une quelconque de nos lois ordinaires ». Ce raisonnement ne trouva pas grâce devant la Chambre (1).

Telles sont les principales propositions de loi relatives au referendum qui ont paru devant la Chambre. Mais, incidemment à d'autres questions, le referendum, dans ces derniers temps, s'est glissé assez souvent dans les discussions parlementaires ; les partisans de l'appel

(1) *Journal officiel* du 27 nov. 1894.

au peuple et les socialistes s'en servent un peu comme d'une machine de guerre. C'est malheureusement sous cet aspect qu'il s'est présenté devant le pays, il n'y a pas encore bien longtemps. Pendant une période assez troublée de notre histoire, on put voir s'étaler sur tous les murs ces mots : revision ! referendum (1) ! Ceux qui le réclamaient avec le plus d'ardeur n'en saisissaient pas toujours très bien le mécanisme (2). Ce mot latin faisait un peu l'effet d'un mot cabalistique. Quoi qu'il en soit, la campagne entreprise à cette époque en faveur du referendum a toujours eu pour résultat de donner une idée de l'institution à beaucoup de gens qui, sans cela, ne se seraient peut-être jamais doutés de son existence.

Les socialistes, de leur côté, réclament le referendum. La manière dont ils veulent l'organiser est même assez curieuse. C'est M. Baggio (3), un disciple de Benoît Malon, qui a exposé les bases de ce système.

(1) En juin 1888, le général Boulanger exposait les théories suivantes sur la revision des lois constitutionnelles : « Dans une démocratie, les institutions doivent se rapprocher autant que possible du gouvernement direct. Il est juste et bon qu'on interroge le peuple par voie directe chaque fois que s'élèveront de graves conflits d'opinions, qu'il peut seul résoudre. C'est pourquoi je pense qu'il est indispensable d'introduire dans notre constitution le *jus ad referendum.* »

(2) N'est-ce pas M. Maurice Barrès (*Figaro* du 30 sept. 1892) qui a comparé à Murat, prononçant des mots dépourvus de sens pour enlever ses hussards, le général Boulanger répétant : « Revision ! Referendum ! Referendum ».

(3) Ch. Baggio, La revision rationnelle. *Revue socialiste*, n[os] du 15 oct. et du 15 nov. 1889.

Partant de cette idée qu'avec une constitution comme celle de la France la souveraineté nationale est complètement « annulée, escamotée » et que la nation est entièrement sous la domination des Chambres qui pourraient demain lui imposer un roi ou un empereur et les lois les plus oppressives sans qu'elle ait à sa disposition aucun autre moyen de défense que la révolte, M. Baggio propose de remédier à cet état de choses déplorable « au moyen d'une institution établie dans les vraies républiques et que l'on nomme le referendum ou l'appel au peuple, à la nation ».

Voici l'organisation proposée par M. Baggio :

Elle comporte trois opérations :

1° Le pétitionnement ;

2° L'admission ou le rejet de la pétition ;

3° La formulation en loi ou en article de constitution du vœu de la pétition, lorsqu'elle a été admise.

En ce qui concerne le droit de pétition, il y a tout avantage à le rendre aussi facile et aussi étendu que possible. M. Baggio l'accorderait non seulement aux électeurs, mais encore aux assemblées élues et il irait même jusqu'à l'accorder aux non-électeurs majeurs, tels que les femmes ou les indigènes de nos colonies. Il conviendrait seulement de fixer le chiffre exigé de pétitionnaires de façon à permettre l'exercice du droit de pétition sans s'exposer à des consultations trop fréquentes et inutiles.

Pour l'admission ou le rejet des pétitions, qu'il considère comme l'opération la plus grave du referendum au point de vue de ses conséquences, M. Baggio fait un aveu, qui, venant d'un socialiste, prend une importance particulière : elle ne lui paraît devoir être confiée qu'à un corps capable de la bien et mûrement effectuer et il n'est « nullement rassuré sur la capacité de notre suffrage universel à cet égard ». Aussi M. Baggio, à qui le danger semble très grand, croit-il indispensable de confier l'admission ou le rejet des pétitions à une autorité plus apte à la prononcer en pleine connaissance et maturité que le suffrage populaire, par exemple, à une assemblée élue à cet effet.

Voilà donc à quoi aboutissent les socialistes : à renverser le régime représentatif actuel pour le reconstituer sous un autre nom. Cela est tellement vrai que M. Baggio propose, pour perfectionner encore son système, que sa chambre de revision législative et constitutionnelle, au lieu d'être élue expressément pour une pétition spéciale, soit établie d'une façon permanente et renouvelable par tiers ou par quart chaque année. Il faut avouer que le referendum a des défenseurs bien dangereux et qu'un partisan convaincu du gouvernement représentatif n'aurait pas employé de meilleurs arguments pour en démontrer la supériorité que ceux dont se sert M. Baggio pour le battre en brèche.

SECTION II. — **Angleterre.**

Le referendum, bien qu'on ne le sache guère, n'est pas inconnu en Angleterre. Il y a reçu quelques applications partielles et les hommes politiques les plus considérables s'en sont occupés.

On a eu recours au referendum pour la mise en œuvre de la législation facultative. Ce fut le cas de la loi sur les bibliothèques communales (free libraries). La population de Glascow, appelée à donner son avis, en vertu de cette loi de 1877, sur la création de bibliothèques gratuites, s'y opposa par 28.946 voix contre 22.755. — En mars 1891 le Parlement anglais a voté une loi « à option locale » pour le pays de Galles, en vertu de laquelle les votants, à la majorité des deux tiers, peuvent interdire le débit des spiritueux.

Dans un discours, prononcé le 12 janvier 1892, lord Knutsford, secrétaire d'Etat aux colonies, proposait comme moyen de sortir d'embarras au sujet du *home rule*, de soumettre la question au peuple anglais.

Enfin lord Salisbury, dans un discours prononcé en octobre 1894 à Edimbourg, reconnaissait, en théorie tout au moins, la valeur du referendum. « Le referendum, disait-il, la présentation au peuple d'une mesure en détail pour qu'il vote sur elle — qu'on l'approuve ou non — est, en tout cas, une procédure honnête. Il a bien répondu à l'attente, je le crois, en Suisse sous une forme très extensive et aux Etats-Unis sous une forme très limitée. Je ne suis en aucune façon disposé à dire un mot contre lui. Je pense que dans la forme sous laquelle il existe aux États-Unis, il est décidément avantageux pour le bon gouvernement et pour la stabilité du pays ». Cet hommage rendu au referendum par le premier ministre d'un pays, qui en semble si éloigné par ses traditions et ses institutions, n'est-il pas curieux à noter?

La *National Review* a eu l'idée, tout récemment, de faire questionner quelques publicistes ou hommes politiques « particulièrement connus » sur l'opportunité d'introduire le referendum en Angleterre. Elle a reçu quelques réponses intéressantes mais, d'ailleurs, plutôt défavorables au referendum (1).

SECTION III. — **Allemagne.**

L'Allemagne ne nous offre aucune application du referendum, mais la question de la législation directe par le peuple y a été souvent agitée.

Rittinghausen fit paraître, en 1850, pendant son séjour à Paris, dans la *Démocratie pacifique*, une série d'articles sur la législation directe par le peuple et la véritable démocratie, qu'il réunit ensuite en un volume (2). Je

(1) Voir : *Revue du droit public et de la science politique*, année 1894, t. I, p. 610.

(2) *La législation directe par le peuple et ses adversaires*, Bruxelles, 1852.

n'entreprendrai pas la critique de son système qui n'a rien de commun avec le referendum : le peuple, en effet, y fait tout par lui-même et ne nomme pas de représentants. C'est une tentative d'organisation de la législation directe qui met en pleine lumière ce qu'il y a de chimérique à vouloir demander au peuple plus qu'il ne peut donner. Chose curieuse ! La critique la plus sensée, mais aussi la plus mordante, qui ait été dirigée contre ce projet bizarre, émane précisément d'un homme qui, à ses heures, ne fut guère plus pratique que Rittinghausen : j'ai nommé Louis Blanc, l'inventeur des ateliers nationaux (1).

La législation directe par le peuple est une des revendications du parti socialiste allemand. En 1875 le Congrès de Gotha réclama « le suffrage universel et direct pour tous les citoyens âgés de 20 ans, dans toutes les élections de l'État et de la commune ; la législation directe y compris la décision de la paix et de la guerre ». Le programme, rédigé par les chefs du socialisme allemand et publié par la *Gazette du Peuple* d'octobre 1890, est conçu dans le même esprit.

SECTION IV. — **Belgique.**

Il faut arriver à la Belgique pour trouver, dans ces dernières années, une tentative d'application du refe-

(1) Voir Louis Blanc, *Plus de Girondins*, cité par Rittinghausen, p. 140, 142.

rendum vraiment originale et intéressante. Le referendum a failli passer dans la Constitution belge, mais sous une forme bien différente de celle qu'il a en Suisse et aux États-Unis. Voici dans quelles circonstances.

Le 27 novembre 1890, M. Janson, le leader des radicaux, déposa sur le bureau de la Chambre des représentants une demande de revision constitutionnelle signée de lui et de cinq membres de son parti : MM. Fléchet, Buls, Fagnart, Grosfils et Broquet, demande tendant à substituer le suffrage universel au cens électoral.

« Quel fut l'étonnement des partis, dit M. Béchaux, lorsque, peu après, le gouvernement, loin de repousser la prise en considération, déclara que le moment semblait venu d'entreprendre une revision électorale et que l'extension du suffrage devait entraîner l'extension du pouvoir du roi ; pour lui, gouvernement, il proposait le referendum royal » (1).

Le 30 mars 1891, en effet, le Président du Conseil, M. Bernaërt, envoyait au président de la section centrale, chargée de discuter la proposition Janson, un résumé écrit d'une déclaration verbale faite par lui quelques jours avant. Après avoir exposé les vues du gouvernement sur la proposition, M. Bernaërt continuait en ces termes ; « On ne peut se livrer à l'étude de la réorganisation du pouvoir législatif sans se préoccuper

(1) Béchaux, Le referendum. *Correspondant* du 25 avril 1892, p. 247-259.

également du pouvoir royal et l'article 131 porte d'ailleurs que les Chambres nouvelles ne peuvent statuer sur les points soumis à la revision que d'accord avec le roi. Le gouvernement estime qu'il conviendrait d'investir le roi du droit de se mettre directement en rapport avec le corps électoral pour prendre son avis, soit sur une question de principe non actuellement soumise à la législature, soit à propos d'une loi votée mais non encore promulguée » (1).

M. Bernaërt développa sa proposition dans une déclaration lue à la Chambre des représentants le 2 février 1892. « Il conviendrait, dit-il, d'attribuer au roi le droit de se mettre directement en rapport avec le corps électoral pour lui demander son avis. Rien, semble-t-il, de plus conforme aux véritables bases du régime représentatif. Rien aussi de plus propre à mettre le pouvoir royal mieux à même d'exercer en certains cas une action modératrice. Une nation de quelque étendue ne peut ni légiférer ni s'administrer directement et dès lors la délégation des pouvoirs s'impose. Mais c'est toujours de la nation qu'ils émanent et c'est consacrer ce principe fondamental que de permettre qu'elle puisse être consultée. Pourquoi le roi, qui peut prendre l'avis du corps électoral quand il lui plaît en dissolvant les Chambres, ne pourrait-il aussi le consulter d'une manière

(1) M. Bernaërt, on le voit, faisait une distinction très nette entre le referendum antérieur et le referendum postérieur et donnait au roi l'exercice de l'un et de l'autre.

plus spéciale et dans des conditions moins faites pour troubler le pays? »

Les sections se réunirent le 10 février ; trois sur six repoussèrent le referendum (1). Le lendemain le gouvernement modifiait sa proposition primitive et, conformément au vœu de la première section (2), proposait la mesure suivante dans sa déclaration : « Tout en admettant l'inscription dans la constitution elle-même du principe nouveau d'une consultation à demander par le roi au corps électoral, on voudrait que les conditions dans lesquelles ce droit pourrait être exercé fussent réglées par la loi. Tenant compte de ces observations, le gouvernement a l'honneur de proposer, au lieu de la disposition additionnelle qui vise l'article 67 de la Constitution, un amendement à l'article 26 qui, tout en exprimant le même principe, laisserait à la loi le soin de déterminer dans quels cas et sous quelles conditions le roi pourra consulter directement le corps électoral ». Cette proposition avait l'avantage de couper court à l'arbitraire et d'empêcher, sans contestation possible, l'extension du referendum aux matières sur lesquelles le Parlement devait statuer en dernier ressort.

(1) Pour plus de détails voir : Signorel, *Le referendum législatif*. M. Signorel s'est livré à une étude très complète des débats auxquels a donné lieu le referendum royal.

(2) La première section sur la proposition de M. de Lantsheere avait admis le principe du referendum à la condition qu'une loi déterminerait les cas dans lesquels le roi pourrait consulter le corps électoral.

La déclaration du 11 février présentait encore un certain intérêt à un autre point de vue, celui-ci tout à fait théorique. Le projet primitif rattachait le referendum à l'article 67 : « Il (le roi) fait les règlements et arrêtés nécessaires pour l'exécution des lois, sans pouvoir jamais ni suspendre les lois elles-mêmes ni dispenser de leur exécution. » La déclaration complémentaire du 11 février visait l'article 26 à la place de l'article 67. Cet article dispose : « Le pouvoir législatif s'exerce collectivement par le roi, la Chambre des représentants et le Sénat ». M. Signorel (1) soutient qu'on aurait dû rattacher le referendum à l'article 69 ainsi conçu : « Le roi sanctionne et promulgue les lois » pour cette raison, assez plausible, que tous ceux, qui préconisaient le referendum royal et principalement Laveleye, ne voulaient pas consacrer avec lui le principe de la législation directe mais entendaient uniquement « consacrer une formule d'organisation du veto ». Mais d'ailleurs toute cette discussion n'a que peu d'importance.

La formule de la déclaration du 11 février fut adoptée le 15 mars par 5 voix contre 2 à la section centrale, qui réserva seulement la liberté de ses membres pour la discussion à la Constituante et écarta d'une façon absolue le referendum antérieur. Cette dernière restriction montre bien quelle confusion a régné dans les débats. Réclamé dans le projet primitif, le referendum anté-

(1) *Op. cit.*, p. 97 et 98.

rieur avait été passé sous silence dans l'exposé des motifs du 2 février et dans la déclaration complémentaire du 11. Etait-il conservé ou abandonné? Le gouvernement laissa planer le doute sur ses intentions à cet égard et n'y renonça formellement que le 18 mai.

C'est au mois de février que l'agitation commença à se produire en Belgique autour de la question du referendum. Jusque-là on n'avait pas paru saisir très clairement la portée de la réforme. L'institution était à peu près inconnue. Sans doute en 1890 avait paru une brochure de M. Lorand sur le referendum. Ce publiciste réclamait comme en Suisse : suffrage universel, referendum, nation armée. C'est ce que les railleurs appelèrent la politique suisse.—En mars 1891, M. Wœste, qui s'était montré jadis favorable au referendum, écrivait encore au journal de Bruxelles qu'il restait partisan de l'institution. Mais bientôt les objections se firent jour. MM. Van den Heuvel, Deploige critiquèrent le referendum royal. A M. de Laveleye qui s'en montrait partisan, M. Frère-Orban, le chef des libéraux, répondit que l'innovation serait peut-être démocratique mais qu'elle « n'en constituerait pas moins une détestable démocratie ».

Quoi qu'il en soit, le projet du gouvernement fut adopté le 9 mai par la Chambre, puis par le Sénat.

Ce succès devait être éphémère. L'assemblée constituante, nommée pour procéder à la revision, se réunit le 20 juillet. Des discussions passionnées s'y produisirent. Le 27 juillet un membre de l'extrême gauche proposa d'admettre concurremment avec le referendum royal un referendum populaire qui pourrait être demandé par 100.000 électeurs et par des conseillers communaux représentant au moins un million d'habitants... Tout ce grand mouvement aboutit à un échec. Le 26 novembre le ministre de l'intérieur, M. de Bruyn, déclara que le gouvernement retirait ses propositions : le referendum royal avait vécu. MM. Janson, Féron et Hansenn reprirent le projet pour leur compte. Il est inutile de dire qu'ils n'eurent pas plus de succès.

Quelles furent les causes de cet échec ? On peut en trouver plusieurs. Malgré la similitude de nom et quoiqu'il s'agît toujours au fond d'une consultation populaire, l'institution proposée en Belgique différait complètement du referendum tel qu'il est pratiqué en Suisse. Ici c'est le peuple qui se convoque lui-même ; là c'était le prince qui, malgré son pouvoir propre et bien que ne relevant pas du peuple, serait entré en communication directe avec lui. Rien, semble-t-il, de plus contraire à l'esprit du gouvernement représentatif. Avec le referendum, on l'a très bien dit, le prince, inviolable, se découvre ; irresponsable, il s'engage. L'équilibre, établi avec tant de soin, dans le régime représentatif, entre le pouvoir législatif et le pouvoir exécutif, est rompu au profit de ce dernier. De là à agiter le spectre du césarisme il n'y a qu'un pas et il fut bientôt fait. L'attitude du roi Léopold, qui ne cachait pas ses sympathies pour la nouvelle institution, semblait justifier cette crainte ; et, d'autre part, il faut bien reconnaître que le referendum royal aurait pu devenir un merveilleux instrument de gouvernement personnel. Seulement, en fait, ce danger était peu à craindre en Belgique. Le roi Léopold II n'a rien d'un César. Il passe, à juste titre, pour le modèle du roi constitutionnel. Au cours d'un règne déjà long, il n'est jamais intervenu que dans les limites où la constitution lui en donnait le droit et toujours avec un tact auquel on a généralement rendu hommage. Il est donc peu probable qu'en demandant le referendum Léopold II cachait d'aussi noirs desseins. Il y voyait tout simplement, d'accord en cela avec des jurisconsultes et des publicistes éminents, le meilleur contrepoids aux entraînements que peut faire naître l'extension du droit de suffrage (1). C'est ce point de vue que M. Bernaërt avait développé dans sa déclaration du 2 février 1892, tout en s'efforçant de démontrer que le referendum royal ne troublait pas l'économie du régime représentatif et qu'il était même conforme à son esprit. Le referendum aurait été surtout, suivant lui, une arme préventive entre les mains de la royauté qui ne s'en serait servie que dans certains cas. Par exemple avec le referendum on aurait pu réduire au silence une minorité bruyante, combattant violemment une loi votée par les deux Chambres. En sens inverse le referendum n'aurait pas été moins utile dans le cas où une loi très impor-

(1) Ch. Borgeaud, *Etablissement et revision des Constitutions en Amérique et en Europe*, Paris, Thorin, 1893.

tante, bien que votée par les deux Chambres, se serait trouvée en opposition manifeste avec les sentiments du pays. Le referendum aurait pu encore intervenir dans d'autres hypothèses (1). Mais tous ces raisonnements n'ont pas réussi à convaincre les adversaires du referendum royal qui, outre l'atteinte portée au régime représentatif et le germe plus ou moins imaginaire du césarisme, voyaient dans son adoption une porte ouverte pour l'entrée du referendum populaire. Bref les raisons n'ont pas manqué pour sauver, comme on l'a dit, la royauté d'elle-même et l'influence du roi Léopold II, très considérable cependant, s'est heurtée à une opposition irréductible.

Bien qu'elle ait échoué, cette tentative n'en reste pas moins intéressante. Elle apportait une solution, tout au moins originale, à la question de savoir comment et dans quelle mesure la réalité du pouvoir devrait être accordée au chef de l'État pour résister aux empiètements chaque jour plus considérables du législatif. Le seul fait que le referendum royal ait pu trouver un accueil favorable auprès d'hommes comme le roi Léopold et ses conseillers prouve que l'idée avait une certaine valeur.

Enfin, à défaut d'autres résultats, la tentative faite en Belgique aura du moins servi à enrichir le domaine du droit constitutionnel d'un nouveau type de referendum.

(1) *** Le referendum belge. *Revue des Deux-Mondes*, 1er mai 1892.

DEUXIÈME PARTIE

APPLICATIONS DU REFERENDUM

CHAPITRE PREMIER

LE REFERENDUM CONSTITUTIONNEL.

Le referendum constitutionnel consiste dans la ratification par le peuple de la constitution, revisée totalement ou partiellement par ses représentants ordinaires ou par des délégués nommés à cet effet.

Ce referendum a eu, surtout en France, une fortune singulière. Beaucoup l'ont réclamé, qui ne se souciaient pas du tout du referendum législatif ou communal.

Laissant de côté les raisons politiques qui peuvent pousser ses partisans, je ne retiendrai que les motifs spéciaux qui, suivant eux, militent en sa faveur. Ils sont tirés de la nature même de l'acte constitutionnel et de son importance particulière par rapport aux autres lois. La Constitution, dit-on, est la base de l'État. C'est elle qui organise l'édifice social, qui détermine le régime auquel sera soumis le pays, qui lui donne le gouvernement représentatif ou le gouvernement direct. Nous admettons, disent les partisans du referendum constitutionnel, que le pays n'exerce pas lui-même ses pouvoirs et les délègue à des représentants ; mais encore faut-il qu'il consente lui-même cette délégation, c'est-à-dire ratifie la Constitution. D'ailleurs le referendum constitutionnel ne présente pas les mêmes inconvénients que le referendum législatif : il n'est pas pour le peuple une cause de fréquents dérangements, les changements de constitution étant, par bonheur, assez rares. Enfin la sanction du peuple ne peut que donner plus de solidité à la constitution et ajouter à sa stabilité. Telle est l'opinion de M. Desjardins : « D'une part, dit cet auteur, il (le referendum) empêche que l'œuvre constitutionnelle, sur la foi de laquelle un État s'est fondé, ne soit à la merci d'une coterie parlementaire ; de l'autre un surcroît de garanties assure la permanence des institutions fondamentales. Or c'est surtout dans une société démocratique qu'il faut craindre leur instabilité (1) ».

L'expérience en France ne semble pas prouver en faveur de cette opinion. Le vote populaire y a consacré tous les régimes, accepté tous les gouvernements. Je sais bien qu'il s'est produit plus souvent sous forme de plébiscite que de referendum. Or, comme le dit M. St-Girons : « Le plébiscite, très raisonnable en théorie,

(1) A. Desjardins, *op. cit.*

amène en fait un vote forcé en faveur du gouvernement. Le résultat n'a pas la signification qu'on veut lui attribuer : ce n'est pas un vote de confiance ou de méfiance, une affirmation de respect ou une preuve de la révolution du mépris ; c'est tout simplement la déclaration énergique, affolée d'un pays qui pour rien au monde ne veut en pleine mer se séparer d'un pilote même mauvais, placé à la tête du navire (1) ».

S'il ne faut pas appliquer de tout point au referendum ce qui vient d'être dit du plébiscite, il n'en reste pas moins vrai que l'intervention du referendum n'ajouterait pas grand'chose à la stabilité de la constitution.

Reste le point de vue théorique. « Il est naturel et logique, dit M. Desjardins, que dans une démocratie pure, on ne puisse pas toucher au pacte fondamental sans l'agrément du peuple » (2). Mais, répondent les adversaires du referendum, « la constitution n'a pas pour objet de créer l'Etat qui lui est préexistant et qui résulte du fait naturel de la formation nationale ; elle a pour objet de déterminer simplement la forme de l'Etat et du gouvernement. C'est une loi qui au fond est de la même nature que les autres. Si le gouvernement représentatif est un meilleur instrument de législation que le gouvernement direct, il faut l'appliquer à plus forte raison pour la législation constitutionnelle (3) ».

(1) St-Girons, *op. cit.*
(2) A. Desjardins, *op. cit.*
(3) Esmein, *op. cit.*

Quoi qu'il en soit, si le referendum constitutionnel ne semble pas se justifier par des raisons particulières, il ne paraît pas non plus être d'une application bien difficile ou bien dangereuse, du moins lorsqu'il n'est pas accompagné de l'initiative populaire : car les Chambres conservent leur liberté comme auparavant et sont toujours maîtresses de ne pas procéder à la revision.

Le referendum constitutionnel, nous l'avons vu, est le seul qui ait été pratiqué en France. Aujourd'hui on le trouve en vigueur en Suisse et aux Etats-Unis.

SECTION I. — **Le referendum constitutionnel en Suisse.**

Nous connaissons son histoire ; nous allons étudier maintenant son fonctionnement, tel qu'il est réglé par la constitution actuelle de la Confédération et par les constitutions particulières des cantons.

§ 1. — Le referendum constitutionnel dans la Confédération.

C'est dans les articles 118 à 123 de la Constitution du 29 mai 1874 et dans les modifications qui y ont été apportées par la loi constitutionnelle du 8 avril 1891 qu'il faut chercher l'organisation du referendum constitutionnel dans la Confédération.

Je donne ici le texte de ces articles tel qu'il est sorti de la revision de 1891.

Art. 118. — « La Constitution fédérale peut être revisée en tout temps, totalement ou partiellement ».

Art. 119.— « La revision totale a lieu dans les formes statuées pour la législation fédérale ».

Art. 120. — « Lorsqu'une section de l'assemblée fédérale décrète la revision totale de la Constitution fédérale et que l'autre section n'y consent pas, ou bien lorsque 50.000 citoyens suisses, ayant droit de voter, demandent la revision totale, la question de savoir si la Constitution fédérale doit être revisée est, dans l'un comme dans l'autre cas, soumise à la votation du peuple suisse par oui ou par non.

« Si, dans l'un ou dans l'autre de ces cas, la majorité des citoyens suisses prenant part à la votation se prononce pour l'affirmative, les deux Chambres sont renouvelées pour travailler à la revision ».

Art. 121. — « La revision partielle peut avoir lieu soit par la voie de l'initiative populaire, soit dans les formes statuées pour la législation fédérale.

« L'initiative populaire consiste en une demande présentée par 50.000 citoyens suisses, ayant le droit de vote, et réclamant l'adoption d'un nouvel article constitutionnel ou l'abrogation, ou la modification d'articles déterminés de la Constitution en vigueur.

« Si, par la voie de l'initiative populaire, plusieurs dispositions différentes sont présentées pour être revisées ou pour être introduites dans la constitution fédérale, chacune d'elles doit former l'objet d'une demande d'initiative distincte.

« La demande d'initiative peut revêtir la forme d'une proposition conçue en termes généraux ou celle d'un projet rédigé de toutes pièces.

« Lorsque la demande d'initiative est conçue en termes généraux, les Chambres fédérales, si elles l'approuvent, procéderont à la revision partielle dans le sens indiqué et en soumettront le projet à l'adoption ou au rejet du peuple et des cantons. Si au contraire elles ne l'approuvent pas, la question de la revision partielle sera soumise à la votation du peuple ; si la majorité des citoyens suisses prenant part à la votation se prononce pour l'affirmative, l'assemblée fédérale procédera à la revision en se conformant à la décision populaire.

« Lorsque la demande revêt la forme d'un projet rédigé de toutes pièces et que l'assemblée fédérale lui donne son approbation, le projet sera soumis à l'adoption ou au rejet du peuple et des cantons. Si l'assemblée fédérale n'est pas d'accord, elle peut élaborer un projet distinct ou recommander au peuple le rejet du projet proposé et soumettre à la votation son contre-projet ou sa proposition de rejet en même temps que le projet émané de l'initiative populaire ».

Art. 122. — « Une loi fédérale (1) déterminera les formalités à observer pour les demandes d'initiative populaire et les votations relatives à la revision de la Constitution fédérale ».

(1) Cette loi a été promulguée le 27 janvier 1892.

Art. 123. — « La Constitution fédérale revisée ou la partie revisée de la constitution entre en vigueur, lorsqu'elle a été acceptée par la majorité des citoyens suisses prenant part à la votation et par la majorité des États.

« Pour établir la majorité des États le vote d'un demi canton est compté pour une demi-voix.

« Le résultat de la votation populaire dans chaque canton est considéré comme le vote de l'État ».

Tels sont les textes qui contiennent le droit actuel de la Confédération suisse en matière de revision constitutionnelle ; ils consacrent l'application la plus large du referendum et de l'initiative populaire.

Une distinction s'impose, qui nous est dictée par les textes mêmes, entre la revision totale et la revision partielle. La marche à suivre n'est pas la même dans les deux cas.

A. *Revision totale.*

On peut y parvenir par trois voies différentes.

1° On peut d'abord procéder à la revision « dans les formes statuées pour la législation fédérale ». C'est, en quelque sorte, le mode normal. La revision, dans ce cas, est l'œuvre des deux Conseils, qui l'entreprennent, soit à la suite d'une proposition émanée de l'initiative parlementaire (art. 93, Const. féd.), soit à la suite d'un message d'un gouvernement cantonal (art. 93, Const. féd.), soit à la suite d'un message du Conseil fédéral (art. 102, 4°, Const. féd.). Seulement la constitution n'entre en vigueur qu'après avoir été ratifiée par la majorité du peuple et des cantons.

2° Supposons que les deux Chambres ne s'accordent pas et que, décrétée par l'une, la revision ait été repoussée par l'autre. La question suivante est alors posée aux électeurs (1) : « Voulez-vous que la Constitution soit revisée, oui ou non ? » C'est un véritable referendum de partage. Le vote populaire tranche souverainement la question à l'exclusion de celui des cantons. S'il se prononce pour l'affirmative, les deux Chambres sont dissoutes de plein droit et une nouvelle assemblée est nommée, qui est chargée de rédiger un projet de constitution. Ici se présente une petite difficulté, relevée par M. Deploige (2). « Qu'arriverait-il, dit cet auteur, si les deux Chambres ne parvenaient pas à se mettre d'accord sur un projet? L'ancienne constitution resterait-elle définitivement en vigueur ou bien y aurait-il une nouvelle consultation populaire suivie d'une nouvelle dissolution de l'assemblée fédérale ? » La Constitution garde le silence sur ce point, mais la réponse ne semble pas douteuse à M. Hilty (3). « L'éventualité prévue, dit cet homme d'Etat — le sens des constitutions antérieures le démontre — est celle d'un désaccord des deux

(1) C'est là une dérogation à l'article 19 : en matière de lois ordinaires le désaccord des deux Chambres réduit à néant le projet.

(2) *Op. cit.*

(3) *Op. cit.*

Conseils sur le principe même de la revision ; s'ils sont d'accord sur ce point mais ne peuvent s'entendre sur la teneur de la nouvelle constitution, on n'admettrait pas que le peuple décidât, par exemple, pour le projet du Conseil national contre le projet du Conseil des États. Il y a là un point assez obscur et il pourrait arriver que, le peuple ayant d'ailleurs demandé et voté une revision totale, on ne parvînt pas néanmoins à en trouver la formule ».

3e Enfin, dernier mode de procéder, 50.000 électeurs peuvent signer une demande de revision totale. On pose alors aux électeurs la même question que dans l'hypothèse précédente. Si la demande est accueillie, les deux Conseils sont encore dissous pour faire place à l'Assemblée chargée de mener à bonne fin la revision.

B. *Revision partielle.*

Il y a deux manières d'y parvenir.

1° Elle peut être entreprise par les deux Conseils, selon la procédure ordinaire ; mais elle doit toujours être soumise au peuple et adoptée à la majorité des votants et des cantons. Seulement, à la différence de ce qui se passe pour la revision totale, le désaccord entre les deux Conseils n'amène pas l'intervention du peuple. La revision est alors simplement écartée.

2° La revision partielle peut être le fruit de l'initiative populaire. 50.000 citoyens suisses ont droit de demander l'adoption ou l'abrogation d'un ou plusieurs articles constitutionnels.

Deux cas sont alors à considérer. La demande peut être conçue en termes généraux ou contenir un projet d'article rédigé de toutes pièces.

a) Dans le premier cas, si l'assemblée fédérale adhère à la demande qui lui est soumise, elle rédige un projet et la procédure ordinaire suit son cours. Si, au contraire, l'assemblée fédérale est hostile à la demande, le peuple intervient et tranche le différend. Le verdict populaire est-il favorable à la revision, c'est l'assemblée fédérale *en fonctions*, qui est chargée de rédiger le projet conformément aux vœux du peuple. C'est là un véritable mandat impératif, contraire à l'article 91, qui pose en principe que les membres des deux Conseils votent sans instructions. Les Conseils doivent se prononcer sur la demande d'initiative dans le délai d'une année. A défaut d'une décision des Chambres, le Conseil fédéral, comme gardien de la volonté nationale, doit soumettre la demande à la votation du peuple seul et, dans le cas d'un vote affirmatif, l'assemblée fédérale doit rédiger les articles « dans le sens des initiateurs (1) ».

b) Au lieu de présenter une demande conçue en termes généraux, les 50.000 électeurs peuvent élaborer un projet et le soumettre à l'assemblée qui a alors le choix entre trois partis : adhérer au projet proposé, le rejeter purement et simplement, faire un contre-projet. Le referendum dans ces deux derniers cas porte en même

(1) Hilty, *op. cit.*

temps sur la proposition de rejet ou le contre-projet. Pour que la revision ait lieu, il faut toujours qu'elle ait réuni la majorité des votants et des cantons.

APPENDICE

RÉSULTATS DES VOTATIONS CONSTITUTIONNELLES QUI ONT EU LIEU DEPUIS L'ENTRÉE EN VIGUEUR DE LA CONSTITUTION DE 1874 (1).

A. *Statistique.*

1° Votation du 19 avril 1874 sur la Constitution fédérale revisée soumise au peuple par la loi fédérale du 31 janvier 1874.

Acceptants : 340,199 ; rejetants : 198,013 ; majorité en faveur de l'acceptation : 142,186 voix. États acceptants : 13 1/2 ; rejetants : 8 1/2.

2° Votation du 18 mai 1879 sur la modification partielle de l'article 65 de la Constitution fédérale soumise au peuple par un arrêté fédéral du 28 mars 1879.

Acceptants : 200,485 ; rejetants : 181,588 ; majorité en faveur de l'acceptation : 18,897 voix. États acceptants : 13 4/2 ; rejetants : 6 2/2.

(1) J'ai emprunté les éléments de cette statistique d'abord, jusqu'en 1892, à l'ouvrage intitulé : Jurisprudence du Conseil fédéral et de l'assemblée fédérale en matière de droit public et administratif depuis le 29 mars 1874, exposée par L. R. de Salis ; traduit de l'allemand par E. Borel, 1892 ; ensuite, à partir de 1892, à la *Feuille fédérale suisse.*

3o Votation du 31 octobre 1880 sur la question de la revision totale de la Constitution fédérale par suite d'un arrêté fédéral du 17 septembre 1880 provoqué par une demande de 52,588 citoyens.

Acceptants : 121,099 ; rejetants : 260,126. Majorité en faveur du rejet : 139,027 voix.

4° Votation du 30 juillet 1882 sur la revision de l'article 64 de la Constitution fédérale soumise au peuple par un arrêté fédéral du 28 avril 1882.

Acceptants : 141,616 ; rejetants : 156,658 ; majorité de 15,042 voix pour le rejet. États acceptants : 7 1/2 ; rejetants : 14 1/2.

5° Votation du 25 octobre 1885 sur la revision partielle de la Constitution fédérale soumise au peuple par un arrêté fédéral du 26 juin 1885 (alcoolisme).

Acceptants : 230,250 ; rejetants : 157,463 ; majorité de 72,787 voix en faveur de l'acceptation. États acceptants : 13 4/2 ; rejetants : 6 2/2.

6° Votation du 10 juillet 1887 sur la revision de l'article 64 de la Constitution fédérale soumise au peuple par arrêté fédéral du 28 avril 1887 (brevets d'invention, protection des dessins et modèles).

Acceptants : 203,506 ; rejetants : 57,862 ; majorité de 145,644 voix pour l'acceptation. États acceptants : 18 5/2 ; rejetants : 1 1/2.

7° Votation du 26 octobre 1890 sur la revision de la Constitution fédérale soumise au peuple par un arrêté fédéral du 13 juin 1890 (assurance contre la maladie et les accidents).

Acceptants : 283,228 ; rejetants : 92,200 ; majorité de 191,028 en faveur de l'acceptation. États acceptants : 18 5/2 ; rejetants : 1 1/2.

8° Votation du 5 juillet 1891 sur la revision du chapitre III de la Constitution fédérale soumise au peuple par arrêté fédéral du 8 avril 1891.

Acceptants : 183,029 ; rejetants : 120,599 ; majorité de 62,430 en faveur de l'acceptation. États acceptants : 16 4/2 ; rejetants : 3 2/2.

9° Votation du 18 octobre 1891 sur la revision de la Constitution fédérale soumise au peuple par arrêté fédéral du 29 juillet 1891 (monopole des billets de banque).

Acceptants : 231,578 ; rejetants : 158,615 ; majorité de 72,963 voix pour l'acceptation. États acceptants : 12 4/2 ; rejetants : 7 2/2.

10° Votation du 20 août 1893 sur l'introduction d'un article 25 *bis* dans la Constitution pour interdire de saigner les animaux de boucherie sans les avoir étourdis préalablement.

Adoptants : 191,527 ; rejetants : 127,191 ; majorité en faveur de l'acceptation : 64,336. États acceptants : 11 1/2 ; rejetants : 10 1/2.

11° Votation du 4 mars 1894 sur l'arrêté fédéral du 20 décembre 1893 relatif à l'adjonction à la Constitution fédérale d'un nouvel article donnant à la Confédération le droit de légiférer en matière de métiers.

Adoptants : 135,713 ; rejetants : 158,492 ; majorité

en faveur du rejet : 22,779. États acceptants : 7 1/2 ; rejetants : 14 1/2.

12° Votation du 3 juin 1894 (initiative ayant pour objet d'introduire dans la Constitution fédérale un article consacrant le droit au travail).

Adoptants : 75,880 ; rejetants : 308,289 ; majorité en faveur du rejet : 232,409.

Tous les États ont repoussé la demande.

13° Votation du 4 novembre 1894 (initiative sur la répartition du produit des douanes).

Adoptants : 145,462; rejetants : 350,639. Majorité en faveur du rejet : 205,177. États acceptants : 8 1/2; rejetants : 13 1/2.

14° Votation du 29 septembre 1895 sur un projet d'article constitutionnel introduisant le monopole des allumettes.

Adoptants : 140,000 ; rejetants : 183,000. Majorité en faveur du rejet : 43,000. États acceptants : 7 1/2 ; rejetants : 14 1/2.

15° Votation du 3 novembre 1895 sur la revision des articles 18 à 23 (articles militaires) de la Constitution fédérale.

Adoptants : 194,814 ; rejetants : 271,016. Majorité en faveur du rejet : 76,202. États acceptants : 4 1/2 ; rejetants : 17 1/2.

B. *Appréciation.*

La Suisse, on le voit, s'est livrée, depuis 1874, à un

travail de revision constitutionnelle considérable. En 21 ans il y a eu 15 referendum constitutionnels. Les rejets ont été presque aussi nombreux que les acceptations.

Des modifications apportées à la Constitution la plus importante, sans contredit, est celle consacrée par la votation du 5 juillet 1891 qui a introduit l'initiative populaire dans la Constitution fédérale mais en matière constitutionnelle seulement (1). C'est une étape de plus dans la marche en avant de la démocratie. L'innovation est-elle heureuse? Il est permis d'en douter. J'admets que l'initiative populaire soit, comme l'a dit un député démocrate, un assez bon système de représentation proportionnelle parce qu'elle est « l'instrument dont toute minorité peut se servir pour soumettre au peuple, par la voie la plus courte et la plus légale, les opinions qui se font jour dans certaines parties de la nation ». Mais on peut lui adresser deux critiques, dont la seconde surtout me semble très sérieuse.

1° Comment discerner les questions constitutionnelles des questions purement législatives soustraites à l'initiative populaire ? « On répondra peut-être, dit

(1) Bien qu'il eût été entendu dans les discussions, auxquelles donna lieu la Constitution de 1848, que le droit d'initiative porterait aussi bien sur les revisions partielles que sur les revisions totales, les autorités fédérales n'avaient jamais voulu admettre les demandes de revision partielle dues à l'initiative populaire, se basant pour cela sur la lettre même de la Constitution. La nécessité d'une disposition constitutionnelle claire et nette s'imposait donc.

M. Desjardins, que le droit constitutionnel embrasse l'organisation générale et les rapports des pouvoirs publics, la garantie des libertés nécessaires, les principes généraux placés au sommet des lois organiques. Mais il suffit de feuilleter certaines constitutions républicaines pour s'apercevoir qu'elles contiennent certaines mesures en faveur des débiteurs malheureux, sur le taux de l'intérêt légal (Arkansas, Tennessee, Maryland), sur le parcours accordé par les compagnies de chemin de fer aux membres du Parlement (Pensylvanie), sur la distribution gratuite de livres et de fournitures aux députés et aux sénateurs (Ohio, Wisconsin, Maryland, Pensylvanie, Michigan, Illinois). En Suisse même la question de savoir comment il faut s'y prendre pour abattre les bestiaux de boucherie vient d'être envisagée, contre toute évidence, comme constitutionnelle, soumise au peuple sur l'initiative de 50.000 citoyens et tranchée contre les juifs malgré l'opposition de l'assemblée fédérale (1) ».

2° L'initiative populaire — et ceci est plus grave — « sape le régime représentatif. Les conseils législatifs ne jouent plus qu'un rôle subalterne une fois que le peuple souverain, faisant lui-même la demande et la réponse, peut à chaque instant emplir la scène ». Il est certain, en effet, qu'avec l'initiative populaire la Suisse s'est éloignée encore davantage du régime représentatif

(1) A. Desjardins, *op. cit.*

pur pour se rapprocher du gouvernement direct. Depuis son adoption « la Chambre a cessé d'être un rouage indispensable dans le mécanisme législatif. Le peuple peut désormais légiférer sans elle, malgré elle, contre elle ». Notons d'ailleurs que, jusqu'ici, les projets émanés de l'initiative populaire n'ont pas eu une brillante fortune et ont presque tous été rejetés par le peuple.

Si on examine les différentes votations populaires, il faut avouer que le peuple suisse s'est montré plutôt sage dans l'exercice de son pouvoir constituant. Sans doute le 30 juillet 1882, il a repoussé la demande de revision de l'article 64 sur les brevets d'invention, mais il a réparé son erreur le 10 juillet 1887. Sans doute le 20 août 1893, il a fait preuve d'intolérance en introduisant dans la Constitution un article 25 *bis* dirigé contre les juifs, qui interdit de saigner les animaux de boucherie sans les avoir étourdis préalablement ; mais il faut reconnaître que c'est là le symptôme d'un état d'esprit qui s'est manifesté chez beaucoup d'autres peuples avec non moins de violence. En revanche, il a à son actif la votation du 3 juin 1894 où il a repoussé un article, présenté par les socialistes, consacrant le droit au travail. Cette votation a permis au peuple suisse de manifester nettement ses sentiments à l'égard des doctrines socialistes. C'est encore une bonne votation que celle du 4 novembre 1894 où le peuple a repoussé l'initiative dite des 2 francs. Lancée par le parti catholique et par le parti démagogique (Volkspartei), cette demande d'initiative tendait à attribuer aux cantons sur le produit des douanes une somme calculée à raison de 2 francs par tête d'habitant. L'échec de cette initiative prouve que le peuple veut une confédération forte et bien équilibrée.

§ 2. — Le referendum constitutionnel dans les cantons.

Voici le texte de l'article 6 de la Constitution fédérale de 1874 qui consacre les droits du peuple à l'égard des constitutions cantonales. « Les cantons sont tenus de demander à la Confédération la garantie de leurs constitutions. Cette garantie est accordée... pourvu que ces constitutions aient été acceptées par le peuple et qu'elles puissent être revisées lorsque la majorité absolue des citoyens le demande ». Dans les cantons, comme dans la Confédération, on voit donc fonctionner l'initiative populaire et le referendum en matière constitutionnelle.

La revision d'une constitution cantonale peut être entreprise « en tout temps (1) », soit sur l'initiative de l'assemblée législative (Grand Conseil ou Conseil cantonal), soit sur celle du peuple. Sauf dans les cantons à Landsgemeinde, les constitutions cantonales fixent toutes le nombre des signatures exigé pour la validité

(1) La Constitution de Genève cependant (art. 153) a conservé la revision périodique : tous les quinze ans la question de la revision totale de la Constitution doit être posée au Conseil général. Cette particularité n'a disparu de la Constitution de Bâle-campagne que lors de la revision du 4 avril 1892 (art. 48).

d'une demande de revision constitutionnelle. C'est ainsi qu'il faut : à Bâle-ville, Schaffouse et Zug 1000 signatures, à Berne 15.000, à Saint-Gall 10.000, etc.

Dans certains cantons comme ceux d'Argovie, Bâle-campagne, Fribourg, Genève, Lucerne, Schwytz et Soleure, c'est toujours une constituante qui procède à la revision. A Zurich elle est faite par le Grand Conseil renouvelé, à Zug, par le Conseil cantonal en fonctions. Dans les autres cantons, le choix est laissé au peuple, qui décide si la revision sera confiée à une constituante ou à l'assemblée législative ordinaire.

Lorsque la question de la revision a été soulevée par l'initiative populaire, le peuple est d'abord consulté sur le point de savoir si la revision doit avoir lieu ou non. Cette règle ne reçoit d'exception qu'à Bâle-ville où le referendum préalable n'a lieu que si le Grand Conseil n'est pas d'accord avec les signataires de la demande.

La Constitution revisée est toujours soumise au peuple et n'entre en vigueur qu'après avoir été sanctionnée par la majorité des votants, sauf à Zug, où la majorité des électeurs inscrits est exigée (1).

Le referendum constitutionnel est d'une application fréquente dans les cantons. Les constitutions n'y sont, en effet, ni simples, ni courtes, ni très claires et il ne se passe pas d'année sans qu'on ait à enregistrer dans

(1) Sur la question de savoir ce qui arrive lorsque le peuple rejette la Constitution qui lui est soumise voir : Deploige, *op. cit.*, p. 91.

l'étendue de la Confédération une ou plusieurs revisions, totales ou partielles.

SECTION II. — **Le referendum constitutionnel aux Etats-Unis.**

Aujourd'hui, dans la pratique de chaque État, les peuples sont compétents et le sont seuls, soit en vertu d'une garantie expresse de la Constitution, soit d'après un usage reconnu, pour décider s'ils doivent avoir une nouvelle forme de gouvernement. Il n'y a que le Delaware où le peuple n'ait pas une participation directe aux amendements constitutionnels de la législature.

La pratique constitutionnelle est si bien fixée en ce sens que la surprise fut générale lorsqu'on vit le Missisipi se donner sa Constitution actuelle sans la soumettre au peuple. L'irrégularité du procédé fut dénoncée à la Cour suprême ; mais celle-ci, par une décision en contradiction complète avec l'histoire et les tendances présentes, déclara la Constitution valable et jugea que la ratification du peuple n'était pas nécessaire. Le fait trouve son explication, sinon sa justification, dans les circonstances où était placé le Missisipi. La Constitution, élaborée par la Convention, exigeait de fortes conditions d'éducation pour l'exercice du droit de suffrage, destinées à produire leur effet contre les nègres. L'Etat ayant une population nègre supérieure à la population blanche, il fallait éviter de soumettre la Constitution au vote populaire qui lui aurait été contraire.

Comment procède-t-on à la revision ? La méthode employée dans le vote des constitutions a beaucoup varié (1).

Au début, toute constitution ou revision constitutionnelle ne pouvait émaner que d'une Convention spécialement élue à cet effet. Le peuple votait d'abord sur la question : *Convention?* ou *No Convention?* Si le peuple se prononçait pour l'affirmative, la Convention se réunissait et élaborait la constitution. Le peuple votait alors : *For the Constitution* ou *against the Constitution*. C'est en somme le même procédé que nous trouvons aujourd'hui en vigueur dans certains cantons suisses.

Il était réservé au Connecticut, en 1818, de trouver une méthode plus simple que le moyen de la Convention pour le vote des amendements constitutionnels. L'amendement, admis par deux législatures successives, devait être soumis au vote du peuple, sans qu'il fût besoin de convoquer une Convention spéciale. La pratique se généralisa et fut suivie dans tous les États sauf le New-Hampshire. Aujourd'hui, pour le vote des simples amendements, on n'exige même plus qu'un seul vote de la législature. C'est là le mode ordinaire de revision, car la tendance est déjà ancienne de ne plus procéder à des revisions générales.

Presque toujours l'initiative de la revision est laissée

(1) Voir : Oberholtzer, *The referendum in America*, p. 37.

à la législature. Quelques constitutions cependant ont conservé la revision périodique : tout changement à la Constitution ne peut avoir lieu qu'après un nombre d'années déterminé.

Il s'est produit, dans le cours de ce siècle, aux États-Unis une transformation radicale dans la conception qu'on se fait des constitutions des États et des matières qui peuvent y prendre place. Au commencement les constitutions contenaient l'exposition des bases du gouvernement. On y rencontrait en première ligne un bill des droits, déclaration des libertés qui étaient garanties aux citoyens et auxquelles le gouvernement ne pouvait toucher. Elles renfermaient ensuite un plan d'administration ; elles confiaient les pouvoirs législatif, exécutif et judiciaire à la garde de certains agents et prescrivaient d'une manière générale la méthode qui devait être suivie par ces agents dans l'exercice de leurs fonctions. Enfin on y trouvait prévues l'organisation de la législature, la nomination ou l'élection du gouverneur et des autres agents de l'exécutif, etc.

Les dimensions de ces constitutions ont augmenté depuis dans des proportions considérables, comme on peut s'en convaincre par le tableau suivant que j'emprunte à M. Oberholtzer (1).

(1) *Op. cit.* Il faut noter que c'est la tendance contraire qui se manifeste dans les constitutions européennes : on a réduit de plus en plus leur sphère d'application.

		pages
Pensylvanie.	Constitutions de 1776	8
	» 1790	8
	» 1838	10
	» 1873	23
Missouri.	» 1820	12
	» 1865	31
	» 1875	33
Texas.	» 1845	16
	» 1868	21
	» 1876	32
Virginie.	» 1776	4
	» 1830	7
	» 1850	18
	» 1870	21
Illinois.	» 1818	10
	» 1848	21
	» 1870	25

« Les constitutions des États de l'Union américaine sont très différentes de celles en vigueur en Europe, qui ne contiennent que deux groupes de dispositions, les premières consacrant les droits essentiels, les secondes fixant les formes du gouvernement (1) ».

Dans les constitutions des États-Unis on trouve réglées un grand nombre de matières qui, ailleurs, sont l'objet des lois ordinaires ; questions d'enseignement public, de taxes et d'impôts, liberté du commerce des liqueurs fortes, fixation du taux de l'intérêt, prohibition

(1) De Laveleye, *Le gouvernement dans la démocratie.*

des duels, des loteries, organisation des forces militaires etc. La Constitution tend à tout accaparer. D'où vient cela ? Tout simplement de ce que le referendum est obligatoire en matière constitutionnelle. On fait tout rentrer dans la Constitution afin de pouvoir tout soumettre au vote du peuple. Qu'en résulte-t-il ? C'est que le rôle des législateurs est de plus en plus effacé. Sauf dans cinq États faisant partie du groupe des treize États primitifs, il n'y a plus de session que tous les deux ans et beaucoup trouvent que c'est encore trop. N'est-ce pas un gouverneur d'État qui disait à M. Bryce ? : « Nos législateurs sont, certes, de très braves gens ; mais c'est un soulagement universel quand nous les voyons rentrer dans leurs foyers ».

CHAPITRE II

LE REFERENDUM LÉGISLATIF.

Appliqué à la confection des lois, le referendum est la consécration la plus éclatante que l'on puisse donner au principe de la souveraineté du peuple, si l'on veut bien reconnaître l'impossibilité du gouvernement direct dans les sociétés modernes. L'introduction du referendum dans le domaine de la législation ordinaire marque le point culminant du développement de cette institution ; mais c'est aussi sur ce terrain qu'elle prête le plus aux critiques des partisans du régime représentatif.

Hommage intermittent rendu à la souveraineté nationale, le referendum constitutionnel peut, à la rigueur, se comprendre même dans un Etat à forme représentative ; d'une application assez rare, il ne constitue pas une gêne bien grande pour le fonctionnement de la machine gouvernementale. — Le referendum communal, nous le verrons, se mouvant dans un cercle assez étroit, est d'une pratique relativement aisée et peut même présenter certains avantages. — L'apparition du referendum législatif marque au contraire la fin du régime représentatif pur et l'avènement d'un régime bâtard (1),

(1) Ce caractère hybride du referendum est pour lui une cause évi-

mitigé de représentation et de législation directe, auquel on a donné dans la doctrine le nom de régime *semi-représentatif*. Aussi est-ce sur ce terrain que la lutte est la plus vive entre les tenants et les adversaires de l'institution.

Le referendum législatif consiste généralement en une ratification, mais il peut se présenter aussi sous la forme d'une consultation. Obligatoire, là où le principe de la souveraineté du peuple est appliqué avec le plus de rigueur logique, il réalise alors presque l'idéal de la législation directe par le peuple. Mais le referendum obligatoire devient d'une pratique difficile dès qu'il s'agit d'un Etat un peu important, où l'on fait un grand nombre de lois et de lois fort diverses et il a bien fallu se rabattre sur le referendum facultatif qui se concilie, dans une certaine mesure, avec les exigences de la vie sociale. Nous avons déjà vu qu'à côté de ce referendum populaire on pouvait trouver aussi un referendum facultatif de la part des représentants ou du chef de l'Etat. Bref c'est dans la sphère de la législation ordinaire, que le referendum apparaît sous ses aspects les plus divers.

A la différence du referendum constitutionnel, le referendum législatif n'a pas été pratiqué en France. La Constitution de 1793, qui l'avait organisé, ne fut pas

dente d'infériorité. « Le mélange des genres, a-t-on dit, est autrement grave en politique qu'en littérature et la logique des organismes est peut-être la plus impérieuse de toutes ».

appliquée et, si les constitutions de 1852 et de 1870 prévoyaient une sorte de referendum consultatif, il n'en fut jamais fait usage (1).

Le referendum législatif fonctionne aujourd'hui en Suisse d'une façon générale (2), soit sous la forme facultative, soit sous la forme obligatoire et il gagne chaque jour du terrain aux États-Unis, bien que sa constitutionnalité y soit fort douteuse.

SECTION I. — Le referendum législatif en Suisse.

I. — *Confédération.*

Le referendum facultatif est le seul qui soit pratiqué dans la Confédération. Il est prévu et organisé par les articles 89 et 90 de la Constitution de 1874, dont voici le texte :

Art. 89. — « Les lois fédérales, les décrets et les arrêtés fédéraux ne peuvent être rendus qu'avec l'accord des deux Conseils.

« Les lois fédérales sont soumises à l'adoption ou au rejet du peuple, si la demande en est faite par 30,000 citoyens actifs ou par 8 cantons. Il en est de même des arrêtés fédéraux qui sont d'une portée générale et qui n'ont pas un caractère d'urgence ».

Art. 90. — « La législation fédérale déterminera les

(1) Esmein, *op. cit.*

(2) Le canton de Fribourg, cependant, fait exception à la règle.

formes et les délais à observer pour les votations populaires ».

La procédure à suivre pour l'exercice du referendum facultatif a été fixée par la loi du 17 juin 1874, complétée par un règlement du Conseil fédéral du 2 mai 1879.

Il n'est peut-être pas inutile, avant d'aborder l'étude du referendum facultatif dans la Confédération, de dire un mot de l'organisation du pouvoir législatif. Il est confié à deux Conseils, le Conseil national, composé des députés du peuple suisse, et le Conseil des États, composé des délégués des cantons à raison de deux par canton. La réunion des deux Conseils forme l'Assemblée fédérale qui tient deux sessions ordinaires par an, d'une durée de trois semaines chacune, et commençant le premier lundi de juin et le premier lundi de décembre. Le droit d'initiative appartient à chacun des deux Conseils et à chacun de leurs membres, au Conseil fédéral et aux cantons qui peuvent exercer ce droit par correspondance. La liste des affaires qui doivent être soumises aux Chambres est préparée, avant chaque session, par le Conseil fédéral entre les mains duquel doivent passer tous les projets de loi ; la priorité est réservée pour une partie au Conseil national, pour l'autre au Conseil des États (1).

Il faut distinguer parmi les décisions de l'Assemblée fédérale, au point de vue de l'exercice du referendum,

(1) Pour plus de détails sur l'organisation des Conseils voir : Deploige, *op. cit.*, p. 93.

entre les *lois* et les *arrêtés* et, parmi ces derniers, entre ceux qui ont une portée générale sans revêtir de caractère d'urgence et ceux qui ne sont pas d'une portée générale ou présentent un caractère d'urgence. Aux termes de l'article 89 en effet, les lois et les arrêtés du premier groupe sont seuls soumis au referendum ; les arrêtés du second groupe y sont soustraits.

Cette distinction, que nous avons déjà trouvée, en retraçant l'histoire du referendum en France, dans la Constitution de 1793, présente un grave défaut ; elle laisse une trop grande place à l'arbitraire. Il n'existe pas de critérium permettant de classer d'une façon sûre ces divers actes législatifs. La question s'était posée de savoir si on ne devait pas les définir dans un texte de loi mais on recula devant la difficulté de trouver une définition satisfaisante et on abandonna tout à la discrétion de l'Assemblée. Celle-ci décide donc, à la simple majorité, quelles sont les lois et quels sont les arrêtés et si un arrêté est ou n'est pas d'une portée générale, présente ou non un caractère d'urgence. C'est l'arbitraire le plus complet. MM. Blûmer, Dubs, Hilty, Numa Droz (1) se sont élevés contre un pareil état de choses. Ce dernier proposait en 1884 de remplacer par « une disposition limpide » le texte, qui ne l'est pas, de l'article 2 de la loi du 17 juin 1874. Ces réclamations ont été vaines.

(1) La revision fédérale, dans la *Bibliothèque universelle*, t. XXV, p. 30.

Quoi qu'il en soit, une jurisprudence s'est établie qui permet de soustraire à l'application du referendum un certain nombre de matières dont la nature, il faut bien le reconnaître, ne s'y prêtait guère.

Ce sont :

1° Les traités avec les États étrangers (1) ;

2° Les arrêtés ayant un caractère concret et particulier comme les décisions rendues sur les contestations administratives ;

3° Le budget annuel et l'approbation des comptes de l'État (2) ; les crédits pour l'acquisition du matériel de guerre.

4° Les arrêtés fédéraux accordant des subventions pour la correction des rivières et la construction des routes.

Connaissant les actes législatifs qui sont exposés au referendum et ceux qui ne le sont pas, voyons comment fonctionne l'institution.

L'Assemblée fédérale envoie au Conseil fédéral, immédiatement après leur promulgation, les décisions susceptibles d'être soumises au referendum. Elles sont publiées par les soins du Conseil fédéral dans la *Feuille fédérale* et communiquées par lui, en un nombre suffisant d'exemplaires, aux gouvernements cantonaux qui

(1) Voir : Deploige, *op. cit.*, p. 97.

(2) L'expérience tentée à Berne, de 1869 à 1880, a montré le danger qu'il y a à soumettre le budget au referendum. Le peuple refusa à plusieurs reprises de le voter et il fallut renoncer au referendum budgétaire.

pourvoient à leur distribution dans les communes.

La date de la publication fixe le point de départ du délai référendaire pendant lequel les lois et les arrêtés ne sont pas exécutoires. Les demandes de referendum doivent se produire dans ce délai, qui est de 90 jours.

La demande de referendum peut émaner soit de 8 cantons, soit de 30.000 citoyens.

a) La demande d'une votation populaire provenant des cantons doit être formulée par le Grand Conseil ou par le Conseil cantonal (Landsrath) sous la réserve du droit dévolu par la constitution cantonale au peuple relativement aux modifications à apporter à des décisions de cette nature. Il n'y a pas d'exemple d'une pareille demande depuis l'entrée en vigueur de la Constitution de 1874 ; les complications qu'elle entraînerait sont trop nombreuses.

b) Les demandes de referendum, émanant de 30.000 citoyens, sont, au contraire, assez fréquentes et d'une pratique suffisamment simple. Le citoyen, qui fait la demande, doit la signer personnellement (art. 5, loi du 17 juin 1874). Le droit de vote des signataires doit être attesté par l'autorité communale du lieu où ils exercent leurs droits politiques (art. 5, loi du 17 juin 1874). La loi n'exigeant pas que l'électeur signe de son nom, on en a conclu qu'une simple croix suffisait. M. Signorel (1) estime « qu'on aurait pu prendre des précautions plus

(1) *Le referendum législatif*, p. 47.

sérieuses sans entraver l'exercice du droit établi par la constitution », par exemple en ne permettant pas aux citoyens de signer d'une croix ou tout au moins en exigeant pour la sincérité de la croix la présence de plusieurs témoins. Je ne parle pas du premier procédé qui consisterait tout simplement à enlever aux illettrés l'exercice du droit de suffrage ; mais le second procédé ne serait-il pas la source de bien des complications ? Il fallait faciliter la pratique du referendum facultatif sous peine de rendre ce droit illusoire.

Telles sont les dispositions législatives concernant l'exercice du referendum. Voyons maintenant comment s'organise, en fait, la campagne tendant à réunir les signatures nécessaires pour la validité d'une demande de referendum. M. Deploige nous donne à ce sujet d'intéressants détails (1).

S'agit-il d'une loi de parti, ce sont les députés de l'opposition catholique qui entament la campagne. Ils trouvent un puissant appui dans certaines associations politiques comme le *Berner Volkspartei*, qui représente l'opposition conservatrice du canton de Berne et l'*Eidgenössische Verein* qui comprend surtout les conservateurs protestants de Zurich, Bâle et Berne. Quand l'accord est établi, on nomme un comité qui fait imprimer les feuilles destinées à recevoir les signatures. Si, pour des raisons quelconques, on veut donner moins de re-

(1) *Op. cit.*, p. 100 et suiv.

tentissement à la campagne, les feuilles sont portées à domicile chez des hommes sûrs et c'est la propagande individuelle qui se donne surtout carrière.

Lorsqu'on se trouve en présence d'une loi économique lésant plus particulièrement certaines catégories de citoyens, ce sont eux qui forment le noyau de l'opposition. La campagne peut être menée bruyamment, au grand jour. M. Deploige, de passage à Genève au moment où on organisait un referendum contre une loi sur les tarifs douaniers, vit dans les brasseries des pancartes portant ces mots : « Ici on peut signer la demande du referendum ».

En général on tâche de réunir plus de 30.000 signatures. Cela fait bonne impression, dit M. Deploige, sur le corps électoral.

Il est toujours facile, dans un pays de plus de 600.000 électeurs, de trouver 30.000 opposants. Aussi un agitateur du canton de Berne, M. Dürrenmatt, a-t-il imaginé un moyen qui permettrait, tout en conservant de nom le referendum facultatif, de le transformer en fait, en un véritable referendum obligatoire. Il propose de former une *société référendaire*, pour réclamer le referendum contre toutes les lois votées par l'assemblée fédérale. La société se composerait de 3.000 membres dont chacun s'engagerait à réunir 10 signatures.

Lorsqu'il y a un nombre suffisant de signatures, les listes sont envoyées au Conseil fédéral qui les vérifie et annule les signatures au sujet desquelles les prescriptions de la loi n'ont pas été observées.

Si, le délai échu, il se trouve que 30.000 citoyens ayant droit de voter ou huit cantons appuient la demande, le Conseil fédéral fixe, pour toute la Suisse, le jour de la votation populaire qui ne peut avoir lieu que quatre semaines au moins après la publication suffisante de la loi ou de l'arrêté en question. Cette publication consiste dans l'envoi d'un exemplaire à chaque électeur.

Les cantons organisent la votation sur leur territoire dans les communes. Est électeur tout Suisse, âgé de 20 ans révolus, qui n'est point exclu du droit de citoyen actif par la législation du canton dans lequel il a son domicile (art. 74, Const. féd.). Chaque électeur, avant la votation, reçoit un bulletin imprimé et rédigé en ces termes : « Voulez-vous accepter la loi (ou l'arrêté) du.... concernant..... ? Oui ou non ? » L'électeur écrit sa réponse qui doit être une acceptation ou un rejet en bloc de la loi ou de l'arrêté ; il ne peut ni diviser son vote ni y introduire des amendements à la mesure proposée.

A défaut d'autres mérites cette organisation du referendum a celui d'être simple. C'est précisément la crainte de tomber dans des complications énormes qui a fait écarter les perfectionnements qu'on a proposé d'apporter à ce mécanisme. Il n'a pas plus été donné suite au projet de M. Dürrenmatt qui voulait demander aux électeurs une réponse motivée qu'à celui de M. Vœgelin qui proposait d'accorder aux électeurs le droit de modifier les lois qui leur sont soumises (1).

Dans chaque commune il est dressé un procès-verbal du résultat de la votation. Ce procès-verbal contient, sous quatre rubriques : le nombre des électeurs ayant droit de voter, celui des électeurs qui ont réellement pris part au vote, celui des électeurs qui ont accepté ou rejeté la loi ou le décret. Les gouvernements cantonaux recueillent les procès-verbaux des communes, les transmettent au Conseil fédéral et tiennent les bulletins de vote à sa disposition pour le cas où ils pourraient être réclamés (2).

C'est le Conseil fédéral qui, d'après les procès-verbaux, donne le résultat de la votation.

Si les 30.000 signatures ou les huit votes des cantons n'ont pu être obtenus ou si, lors de la votation, l'arrêté ou la loi a été adopté, le Conseil fédéral publie immédiatement le décret dans le Recueil officiel et en ordonne l'exécution. Si, au contraire, il est constaté que la majorité l'a rejeté, la loi ou l'arrêté est considéré comme nul et non avenu. Dans les deux cas, les résultats de la votation sont publiés par le Conseil fédéral, qui en donne connaissance à l'Assemblée fédérale dans sa prochaine session (3).

Observation très importante : à la différence de ce qui

(1) Voir : Deploige, *op. cit.*, p. 107 et 108.
(2) J. Dubs, *Le droit public de la Confédération suisse.*
(3) *Ibid.*

se passe pour le referendum constitutionnel ou n'exige pas, dans le referendum législatif, la majorité des électeurs et des cantons : la majorité des votants suffit ; et il peut très bien arriver qu'une loi, repoussée par la majorité des cantons, soit adoptée dans le pays entier. C'est ce qui s'est produit pour la loi sur le mariage du 24 décembre 1874 qui n'obtint la majorité que dans 9 1/2 cantons mais réunit 213,199 suffrages contre 205,069. Le même fait se répéta pour la loi sur la faillite du 17 novembre 1889.

APPENDICE

RÉSULTATS DES VOTATIONS FÉDÉRALES SURVENUES DEPUIS 1874 EN MATIÈRE LÉGISLATIVE A LA SUITE DE DEMANDES DE REFERENDUM (1).

A. *Statistique.*

1° Votation du 23 mai 1875 sur la loi fédérale concernant le droit de vote des citoyens suisses du 24 décembre 1874.

Acceptants : 202,583 ; rejetants : 207,263. Majorité de 4,860 voix pour le rejet.

2° Votation du 23 mai 1875 sur la loi fédérale concernant l'état civil et le mariage du 24 décembre 1874.

(1) Pour dresser ce tableau, j'ai puisé aux mêmes sources que pour dresser celui des votations constitutionnelles.

Acceptants : 213,199 ; rejetants : 205,069. Majorité de 8,130 voix pour l'acceptation.

3° Votation du 23 avril 1876 sur l'arrêté fédéral concernant une loi fédérale sur les billets de banque du 18 septembre 1875.

Acceptants : 120,068 ; rejetants : 193,253. Majorité de 73,185 voix pour le rejet.

4° Votation du 9 juillet 1876 sur l'arrêté fédéral concernant une loi fédérale sur la taxe d'exemption du service militaire du 23 décembre 1875.

Acceptants : 156,157 ; rejetants : 184,894. Majorité de 28,737 voix pour le rejet.

5° Votation du 21 octobre 1877 sur la loi fédérale concernant le travail dans les fabriques du 23 mars 1877.

Acceptants : 181,204 ; rejetants : 170,857. Majorité de 10,347 voix pour l'acceptation.

6° Votation du 21 octobre 1877 sur l'arrêté fédéral concernant une loi fédérale sur la taxe d'exemption du service militaire du 27 mars 1877.

Acceptants : 170,223 ; rejetants : 181,383. Majorité de 11,160 voix pour le rejet.

7° Votation du 21 octobre 1877 sur l'arrêté fédéral concernant une loi fédérale sur les droits politiques du 28 mars 1877.

Acceptants : 131,557 ; rejetants : 213,230. Majorité de 81,673 voix pour le rejet.

8° Votation du 19 janvier 1879 sur la loi fédérale accordant des subventions aux chemins de fer des Alpes du 22 août 1878.

Acceptants : 287,731 ; rejetants : 115,571. Majorité de 163,160 voix pour l'acceptation.

9° Votation du 30 juillet 1882 sur l'arrêté fédéral concernant une loi fédérale sur les mesures à prendre contre les épidémies du 31 janvier 1882.

Acceptants : 68,027 ; rejetants : 254,340. Majorité de 186,313 voix pour le rejet.

10° Votation du 26 novembre 1882 sur l'arrêté fédéral concernant l'exécution de l'article 27 de la Constitution fédérale (secrétaire scolaire) du 14 juin 1882.

Acceptants : 172,010 ; rejetants : 318,139. Majorité de 146,129 voix pour le rejet.

11° Votation du 11 mai 1884 sur l'arrêté fédéral concernant une loi fédérale sur l'organisation du département fédéral de justice et police du 11 décembre 1883.

Acceptants : 149,729 ; rejetants : 214,916. Majorité de 65,187 voix pour le rejet.

12° Votation du 11 mai 1884 sur l'arrêté fédéral concernant les taxes de patente des voyageurs de commerce du 11 décembre 1883.

Acceptants : 174,195 ; rejetants : 189,550. Majorité de 15,355 voix pour le rejet.

13° Votation du 11 mai 1884 sur l'arrêté fédéral concernant une subvention de 10,000 francs à la légation suisse à Washington du 19 décembre 1883.

Acceptants : 137,824 ; rejetants : 219,718. Majorité de 81,904 voix pour le rejet.

14° Votation du 11 mai 1884 sur un arrêté fédéral du 19 décembre 1883 concernant l'adjonction d'un article au Code pénal fédéral du 4 février 1853.

Acceptants : 159,068 ; rejetants : 202,773. Majorité de 43,705 voix pour le rejet.

15° Votation du 15 mai 1887 sur la loi fédérale concernant les spiritueux du 23 décembre 1886.

Acceptants : 267,122 ; rejetants : 138,496. Majorité de 128,626 voix pour l'acceptation.

16° Votation du 17 novembre 1889 sur la loi fédérale concernant la poursuite pour dettes et la faillite du 11 avril 1889.

Acceptants : 244,317 ; rejetants : 217,921. Majorité de 26,396 voix pour l'acceptation.

17° Votation du 15 mars 1891 sur l'arrêté fédéral concernant une loi fédérale sur les fonctionnaires et employés fédéraux devenus incapables de remplir leurs fonctions du 26 septembre 1890.

Acceptants : 91,851 ; rejetants : 353,977. Majorité de 262,126 voix pour le rejet.

18° Votation du 18 octobre 1891 sur la loi fédérale concernant le tarif des douanes du 10 avril 1891.

Acceptants : 220,004 ; rejetants : 158,934. Majorité de 61,070 voix pour l'acceptation.

19° Votation du 6 décembre 1891 sur l'arrêté fédéral concernant l'achat du chemin de fer central suisse du 25 juin 1891.

Acceptants : 130,729 ; rejetants : 289,406. Majorité de 158,677 voix pour le rejet.

20° Votation du 3 février 1895 sur la loi concernant la représentation de la Suisse à l'étranger.

Acceptants : 124,517 ; rejetants : 177,991. Majorité de 53,474 voix pour le rejet.

B. *Appréciation.*

Du tableau que nous venons de dresser, il résulte qu'en une période d'un peu plus de vingt années, le peuple suisse a été appelé à se prononcer sur vingt lois ou arrêtés. Il en a rejeté quatorze et laissé passer seulement six. Durant ses vingt années d'existence sur le terrain fédéral « le referendum a dit non plus haut et plus souvent que oui » (1). D'où cela vient-il ?

M. Gavard en a donné une première explication : « Les résultats négatifs du referendum, dit cet auteur, s'expliquent dans beaucoup de circonstances par un penchant inné de l'égoïsme individuel vers la négation. Celle-ci ne suppose aucun effort de l'esprit, aucune tension de la volonté ; elle découle naturellement de la force d'inertie et de l'amour du moi, si profondément ancrés dans la personnalité humaine ; elle produit un remous fangeux dans les petits intérêts, les petits préjugés et les petites passions. Il est plus facile de dire non que oui (2) ».

M. Naville, partisan convaincu de la représentation proportionnelle, trouve une autre raison aux désaccords

(1) Wuarin, *op. cit.*
(2) Gavard, *op. cit.*

fréquents, que révèlent les votations populaires, entre la nation et ses représentants. Ils proviennent, suivant lui, « de ce que les groupes nombreux de citoyens battus aux élections et sans influence aucune sur les décisions parlementaires, retrouvent l'exercice de leurs droits en un jour de votation populaire ».

Les votations populaires accusent une tendance fâcheuse à l'abstention de la part du peuple suisse. En 1879, M. Chatelanat a publié des statistiques qui prouvent que dans les cinq premières années d'existence du referendum dans le domaine fédéral, 61 0/0 seulement des électeurs en moyenne ont participé aux votations fédérales. Les votations qui ont suivi montrent qu'il en est toujours de même.

M. Chatelanat a fait une autre remarque, c'est que ce sont toujours les mêmes cantons qui sont portés à dire non, et les mêmes qui sont portés à dire oui. Cela s'explique facilement : « L'assemblée fédérale, dans sa majorité, est composée d'allemands, de centralistes, de libres-penseurs. Faut-il s'étonner qu'il y ait une prévention contre les lois fédérales dans les groupes de la nation où règne un courant hostile contre l'une des trois tendances représentées par cette majorité ? que les cantons romands, qui redoutent la prépondérance des grands cantons allemands, s'opposent à tout nouvel empiètement de la Confédération ? que les cantons catholiques, victimes en 1874 d'une coalition factice, prennent leur revanche quand ils en ont l'occasion ? que les habitants des petits cantons primitifs, autonomistes à l'excès, éprouvent de la répugnance pour les innovations qui atteignent leurs institutions séculaires, pour les lois qui diminuent leurs libertés, dérangent leurs habitudes, compliquent leur vie? (1) ».

Tenant compte de la part d'influence que ces circonstances particulières ont pu avoir sur le résultat des votations, voyons comment le peuple suisse a fait usage de son droit.

S'il est vrai que l'autonomie cantonale ne doit pas être sacrifiée à une centralisation exagérée, il faut approuver pleinement le peuple suisse d'avoir repoussé par deux fois *la loi sur le droit de vote des citoyens suisses* et laissé les cantons régler à leur gré les conditions de l'électorat.

On comprend aisément que le peuple ait repoussé le 30 juillet 1882 la loi concernant les mesures à prendre contre les épidémies. Cette loi, qui rendait la vaccine obligatoire, renfermait des mesures draconiennes ; bonne dans son principe elle était cependant d'une rigueur inhumaine : 254,340 voix la rejetèrent contre 68,027.

La votation du 26 novembre 1882 est la plus importante de toutes celles qui ont eu lieu depuis l'adoption de la constitution de 1874. Le peuple suisse y a fait preuve du libéralisme le plus large et le plus éclairé.

(1) Deploige, *op. cit.*

On sait de quoi il s'agissait. Depuis que l'article 27 de la constitution de 1874 avait décrété l'instruction laïque et obligatoire, aucune disposition législative ne réglait l'exercice du droit de contrôle de la Confédération sur l'enseignement primaire. « Un arrêté fédéral, voté par la majorité radicale des Conseils, prescrivit une enquête scolaire dans tous les cantons, tendant à prouver que la constitution avait été transgressée et à préparer l'élaboration d'une loi défavorable à la liberté religieuse. Il est difficile d'oublier que la démocratie se souleva d'un bout à l'autre de la Suisse et que tous les croyants, de toutes les confessions, unis aux véritables libéraux rejetèrent le 26 novembre 1874 par 318,139 voix contre 172,010 l'arrêté soumis à la sanction populaire (1) ».

Enfin il paraîtrait qu'en repoussant, le 6 décembre 1891, l'achat des actions du chemin de fer central par la Confédération, le peuple aurait fait preuve de beaucoup de bon sens et évité certains pièges auxquels la représentation nationale s'était laissé prendre.

A côté de ces votes qui font honneur au peuple suisse, il faut bien en mentionner quelques-uns qui sont plutôt regrettables, tels que ceux du 11 mai 1884 relatifs, l'un à un arrêté réorganisant le département de justice et de police, l'autre à un arrêté augmentant le crédit affecté à l'entretien de la légation suisse à Washington et surtout la votation du 15 mars 1891 où la nation repoussa

(1) A. Desjardins, *op. cit.*

par 352.467 voix contre 91.679 la loi organisant les pensions de retraite des fonctionnaires fédéraux. « Jamais encore, dit le chroniqueur politique de la *Bibliothèque universelle*, la Suisse n'avait été témoin d'une aussi extraordinaire votation ». La loi repoussée avait été en effet votée à l'unanimité par les deux Conseils et tous les organes influents de la presse l'avaient recommandée comme « une œuvre de justice et de saine économie ».

Ces votations nous font connaître deux traits du caractère du peuple suisse : son peu de penchant pour la bureaucratie et sa tendance, souvent exagérée, à l'économie. M. de Laveleye dit bien que ce dernier sentiment est un de ceux qu'un économiste ne peut blâmer. Mais, s'il ne faut pas jeter son argent à tort et à travers, encore faut-il savoir le dépenser à propos. Pour le paysan suisse, a-t-on dit, le clocher de son village marque le terme de son horizon. Ce n'est pas regarder tout à fait assez loin et le peuple suisse s'est privé souvent ainsi d'urgentes et bienfaisantes réformes administratives. C'est là, il est vrai, un défaut commun à tous les peuples. « Dans tous les pays le contribuable met la recherche de son intérêt individuel au-dessus de celle des intérêts généraux et s'il fallait en politique, en finances, en matière militaire ou de travaux publics le consulter directement avant d'entreprendre de grandes choses, sans doute ne se feraient-elles jamais. Les grandes choses coûtent cher et le prix qu'il faut y mettre en écarte les foules, attentives aux inconvénients extérieurs du moment, inexpertes à prévoir et à préparer le lendemain (1) ».

Les résultats plutôt heureux du referendum sont incontestablement dus en partie à l'éducation et au tempérament du peuple suisse.

Comme l'a dit un écrivain national, le peuple suisse a fait dans la commune son éducation première. Il l'a poursuivie en prenant une part toujours plus directe à l'administration des affaires cantonales ; puis le moment est venu où élargissant encore son champ d'activité il a voulu être aussi le véritable souverain dans le domaine fédéral. Il remplit donc mieux qu'un autre la première condition qu'exige la saine pratique de la démocratie.

Il faut reconnaître d'autre part que les Suisses ont toujours fait preuve jusqu'ici de beaucoup de modération et de sang-froid dans « la mise en œuvre de ce délicat rouage politique ». Jamais jusqu'à présent les consultations populaires n'ont occasionné de désordres ou de violences.

Bref, on peut dire que le referendum législatif, en Suisse, sur le terrain fédéral, a déjoué toutes les prévisions ; « ses premiers détracteurs en font l'éloge et ses premiers partisans cherchent des consolations (2) ».

(1) Hymans, Le referendum dans la constitution suisse. *Revue de Belgique*, nº du 15 janvier 1892.

(2) A. Desjardins, *op. cit.*

II. — *Cantons.*

Le peuple, dans les cantons suisses, exerce ses droits en matière législative sous les formes les plus diverses. Si nous laissons de côté l'antique institution de la *Landsgemeinde*, que nous avons déjà étudiée rapidement et le *veto*, dont nous avons parlé en passant, nous y trouvons encore pratiquée à côté du referendum, obligatoire ou facultatif, l'initiative populaire. Bien que cette dernière institution ne rentre pas directement dans l'étude de notre sujet, nous en dirons un mot cependant, car elle s'y rattache d'une façon assez étroite puisqu'elle aboutit toujours à une votation populaire.

A. *Referendum obligatoire.*

Dans les cantons qui l'admettent, les lois d'intérêt général doivent, sauf exception résultant des textes ou de la coutume, être soumises à l'approbation du peuple. C'est à peu près l'équivalent de la Landsgemeinde car, ainsi que le fait remarquer M. Brissaud (1), le peuple, dans la Landsgemeinde, ne fait pas la loi et se contente d'approuver ou de rejeter les projets de loi que lui soumet le Conseil cantonal.

Le referendum obligatoire fonctionne dans sept cantons et demi : Zurich, Berne, Schwytz, Soleure, Argovie, Thurgovie, Grisons et Bâle-campagne.

(1) *Op. cit.*

Dans le Valais existe une variété du referendum obligatoire : le referendum financier. Voici le texte de l'article qui le consacre :

Art. 15. — « Toute décision du Grand Conseil entraînant une dépense extraordinaire de 60.000 francs ou, pendant le terme de trois ans, une dépense moyenne de 20.000 francs, doit être soumise à l'adoption ou au rejet du peuple si ces dépenses ne peuvent être couvertes par les recettes ordinaires du budget ».

Dans les autres cantons le referendum obligatoire a une sphère d'application beaucoup plus étendue, mais qui varie suivant la législation de chacun d'eux.

En général sont soumis au referendum :

1° Les lois. — La règle est absolue.

2° Les traités et concordats (1), sauf dans le canton d'Argovie.

3° Certains arrêtés ou décrets.

Plusieurs constitutions cantonales (2) ont pris soin de spécifier les objets sur lesquels le Grand Conseil peut légiférer souverainement par voie d'arrêtés.

Parmi les arrêtés ou décrets soumis au referendum on peut citer: dans le canton d'Argovie, ceux qui règlent l'emploi de plus de la moitié des contributions directes

(1) Les traités, dont il est question ici, sont ceux que les cantons peuvent conclure dans les limites qui leur sont assignées par les articles 7 et 9 de la Constitution fédérale. Les concordats sont les traités conclus par les cantons avec les Etats étrangers (Zurich, art. 30, par. 1. — Grisons, art. 2, par. 2. — Thurgovie, art. 4, par. a).

(2) Celles de Zurich et d'Argovie, par exemple.

(art. 25, par. c) ou qui portent création d'un emprunt dépassant plus d'un million (art. 25, par. d); à Soleure, ceux qui portent création d'un emprunt dépassant 500.000 francs, si cette somme ne sert pas au remboursement d'un emprunt déjà contracté (art. 17, par. 3); à Berne, les décisions du Grand Conseil relatives aux emprunts, excepté ceux destinés à la conversion de dettes existantes ou les emprunts temporaires qui sont remboursés au plus tard pendant l'exercice suivant à l'aide des ressources courantes (art. 6, Constitution du 4 juin 1893).

Enfin et surtout sont soumis au referendum les décrets financiers, entraînant une dépense supérieure à un certain taux qui varie suivant les cantons (1).

Dans le canton de Berne, on était allé, en 1869, jusqu'à soumettre au referendum un budget dressé pour une période de quatre ans. Mais le peuple bernois refusa à plusieurs reprises de le voter et il fallut bien supprimer en 1880 ce referendum budgétaire.

Le canton de Zurich est peut-être celui où le referendum obligatoire a reçu la plus large application. On peut donc le prendre comme type, pour étudier le mécanisme de l'institution.

Le Grand Conseil vote les lois, après les avoir discutées, puis les renvoie au gouvernement, qui doit les soumettre au referendum. Celui-ci élabore ou charge

(1) 500.000 francs à Berne ; 250.000 à Zurich ; 100.000 à Soleure, etc.

une commission d'élaborer un message explicatif, qui est adressé à chaque électeur, avec le texte de la loi, trente jours au moins avant celui du vote. Le but de ce message est de mettre les électeurs à même de porter un jugement éclairé sur la loi soumise à leur approbation en leur en exposant le fonctionnement, les avantages etc. En théorie cela peut être excellent ; en pratique le résultat est nul. Tous les messages sont coulés dans le même moule ; on y retrouve les mêmes clichés : la loi est bonne, présente des avantages considérables.... Il paraît que l'opinion des électeurs est si bien faite au sujet des messages explicatifs qu'ils ne prennent même plus la peine de les lire. — D'après les constitutions cantonales d'Argovie et Thurgovie, les votations doivent être précédées immédiatement d'une réunion dans laquelle les électeurs peuvent discuter la loi ; mais, en fait, il ne se produit jamais le moindre échange d'observations.

La manière de voter est la même que, dans la Confédération, pour le referendum facultatif. Nous n'y reviendrons pas. Pour éviter de multiplier les votations et ne pas déranger le peuple à tout propos, chaque constitution a fixé des époques de votation. A Berne (1), à Zurich, Thurgovie et Argovie les votations ont lieu deux fois par an, au printemps et en automne ; sauf, dans cha-

(1) Cela n'est vrai que depuis l'adoption de la constitution du 4 juin 1893. Autrefois les votations avaient lieu le premier dimanche de mai de chaque année.

que canton, le droit pour le Grand Conseil d'ordonner une votation extraordinaire. A Bâle-campagne cependant il ne peut pas y avoir plus de deux votations par an.

Malgré tout, et bien que les votations aient toujours lieu un dimanche, il y a un nombre énorme d'abstentions : c'est là une conséquence fatale du referendum obligatoire. Pour parer à ce danger, les cantons de Zurich, Argovie, Soleure, Thurgovie et Bâle-campagne ont adopté le principe du vote obligatoire. Ainsi la Constitution de Zurich autorise les communes à frapper d'une amende de 0 fr. 60 à 1 franc ceux qui s'abstiennent (1).

Le referendum obligatoire n'est donc pas un chef-d'œuvre d'organisation et l'on comprend très bien le jugement de M. Herzog, un démocrate convaincu cependant : « La postérité, dit cet auteur, se demandera comment nous avons pu subir un système aussi manifestement défectueux ».

Quels résultats le referendum obligatoire a-t-il donnés dans les cantons qui l'ont adopté ? (2).

Pour le canton de Zurich, M. Stüssi (3) s'est livré à une intéressante étude des votations qui se sont produites depuis 1869 jusqu'en 1885.

Sur 120 projets de loi présentés au peuple, 80 ont

(1) La Constitution de Zurich présente une autre particularité : elle autorise le vote par procuration.

(2) J'emprunte à l'ouvrage de M. Deploige les principaux éléments de cette statistique.

(3) Stüssi, *Referendum und initiative in Kanton Zurich*, Horgen, 1886.

subi victorieusement l'épreuve du referendum et 40 ont été rejetés. De 1886 à 1890, d'après les renseignements particuliers de M. Deploige, il y a eu 13 votations qui se sont terminées par le rejet de quatre lois ou arrêtés et l'adoption des autres.

L'obligation du vote a produit dans le canton de Zurich un effet sensible. Nous voyons, par la monographie de M. Stüssi, que, pour le referendum du 25 juin 1891, dans les communes d'Uster, de Horgen et de Riesbach, où le vote était obligatoire, il y eut respectivement 97, 94 et 59 0/0 des électeurs qui prirent part au vote, tandis que dans les communes de Zurich, Glattfelden et Aussersihl, où le vote était libre, le nombre des votants tomba à 19, 14 et 10 0/0. M. Stüssi cite, il est vrai, d'autres exemples de referendum où le chiffre des votants s'est accru même dans les communes où le vote était libre, mais tout en restant sensiblement inférieur à celui des votants dans les communes où le vote était obligatoire (1).

Dans le canton de Berne, sur 68 lois qui ont été soumises au referendum de 1869 à 1888, 50 ont été acceptées par le peuple et 18 rejetées. Il résulte de statistiques, un peu anciennes, il est vrai, publiées par M. Chatelanat, que 45 0/0 seulement des électeurs se dérangent pour prendre part à un referendum.

A Soleure de 1870 à 1891, le referendum s'est exercé

(1) Un autre effet, qui n'a rien de surprenant, du vote obligatoire, est d'augmenter le nombre des bulletins blancs.

sur 66 lois : 51 ont trouvé grâce devant lui, 15 ont été rejetées.

A Bâle-campagne, de 1864 à 1881, le peuple, sur 94 lois qui lui ont été soumises, en a adopté 45 et repoussé 23 ; 17 votations n'ont point abouti par suite de l'abstention de la majorité des électeurs (1). De 1881 à 1884 le même fait s'est reproduit ; sur 17 lois soumises au referendum 3 ont été adoptées, 5 rejetées ; les autres votations n'ont pas donné de résultats.

Dans le canton d'Argovie le peuple a rejeté, de 1870 à 1883, 21 lois sur 46 et, de 1883 à 1885, 4 sur 10.

B. *Referendum facultatif.*

Le referendum est facultatif dans 8 cantons et demi : Lucerne, Zug, Schaffhouse, Saint-Gall, Tessin, Vaud, Neufchâtel, Genève et Bâle-ville.

Le mécanisme du referendum facultatif est le même dans les cantons que dans la Confédération.

Dans tous les cantons qui le possèdent, le referendum facultatif s'applique aux lois.

Bâle-ville et Neufchâtel y soumettent les arrêtés de portée générale et non urgents, Saint-Gall « les arrêtés de portée générale du Grand Conseil qui n'ont pas un caractère d'urgence ou que l'article 55 ne range pas

(1) Dans le demi-canton de Bâle-campagne il faut, en effet, que la majorité absolue des électeurs prenne part au vote pour que le referendum soit valable.

dans la compétence exclusive de cette Assemblée » (art. 47 de la Const. du 16 nov. 1890) (1).

Dans le Tessin la Constitution du 2 juillet 1892 (2) soumet au referendum « les lois et décrets de caractère obligatoire général, qui ne sont pas de nature urgente ou qui, même s'ils le sont, comportent une dépense supérieure à 200.000 francs ».

Le referendum facultatif est prévu par les Constitutions : de Lucerne (3) pour toute dépense de 200.000 fr. en capital ou de 20.000 francs annuellement, de Zug pour une dépense de 40.000 francs en capital ou de 5.000 francs annuellement, de Schaffhouse pour une dépense de 150.000 francs.

Genève admet le referendum facultatif pour les lois et arrêtés n'ayant pas un caractère d'urgence exceptionnelle. Mais l'article 2 de la Constitution porte expressément : « Le referendum ne peut s'exercer contre la loi annuelle sur les dépenses et les recettes prise dans son ensemble. Ne peuvent être soumises au referendum que les dispositions de cette loi établissant :

« Un nouvel impôt ou l'augmentation d'un impôt déjà existant.

« Une émission de rescriptions ou un emprunt sous une autre forme ».

(1) Voir *Annuaire de législation étrangère*, année 1892.
(2) Voir *Annuaire de législation étrangère*, année 1893.
(3) Art. 39 de la Constitution, modifié par la loi du 26 novembre 1890. Voir *Annuaire de législation étrangère*, année 1892.

Sont encore soumis au referendum dans les cantons de Lucerne, Zug et Schaffhouse les traités que les cantons ont le droit de conclure entre eux ou exceptionnellement avec les États étrangers, en vertu des articles 7 et 9 de la Constitution fédérale.

La Constitution du canton de Vaud est la plus large de toutes et déclare susceptible de referendum « toute loi ou décret rendu par le Grand Conseil (art. 47, § 3, de la Const. du 1er mars 1885).

Le nombre des signatures exigé pour la validité d'une demande de referendum est très variable. Il est de 500 à Zug, 1.000 à Bâle-ville et Schaffhouse, 3.000 à Neufchâtel, 3.500 à Genève, 4.000 à St-Gall, 5.000 à Lucerne et dans le Tessin, 6.000 dans le canton de Vaud.

Il suffit partout de la majorité des votants pour qu'une loi soit acceptée. A Zug, cependant, les abstentionnistes sont considérés comme ayant voté : oui. Il ne faut voir dans cette anomalie qu'un souvenir de l'ancien *veto*.

Le délai référendaire, pendant lequel les lois et arrêtés législatifs ne sont pas exécutoires, est de 30 jours, sauf à Neufchâtel, où il est de 40 jours, et à Bâle-ville, où il est de six semaines. Ce délai court de la publication de la mesure législative dans la feuille officielle. Cette publication a lieu immédiatement après la promulgation de la loi ou de l'arrêté par le Grand Conseil, excepté à Zug et à Lucerne, où elle se fait seulement à la fin de la session législative. A Schaffhouse, tous les actes législatifs susceptibles d'être soumis au referendum sont adressés aux électeurs avec un message explicatif (1).

On trouve encore dans certains cantons un autre type de referendum facultatif, qui ne semble pas en grand honneur auprès des démocrates suisses (2), mais qui pourrait être accueilli avec plus de faveur dans d'autres pays. Je veux parler du referendum facultatif de la part du Grand Conseil qui existe à Lucerne (art. 39, § 1), Zug (art. 36), Bâle-ville (art. 29, § 1), St-Gall (art. 47, § 1), Zurich (art. 30, § 3), Schwytz (art. 3, § d), Soleure (art. 17, § 4), Argovie (art. 25, § e), Thurgovie (art. 4, § c), et dans les Grisons (art. 2, § 7). A Zug et à St-Gall il suffit pour le mettre en mouvement que le tiers des membres du Grand Conseil le demande.

Quels ont été les résultats du referendum facultatif dans les cantons (3) ?

A Genève, où il a été introduit en 1879, il n'avait encore fonctionné que deux fois en 1892, la première à l'occasion d'une loi décrétant la construction d'un chemin de fer de Genève à Annemasse, qui fut acceptée, la seconde à l'occasion d'un arrêté, accordant une subvention de 400.000 fr. à un chemin de fer d'intérêt local, qui fut rejeté.

Dans le canton de Vaud on ne se souvient pas d'avoir vu fonctionner le referendum. Cela tient à l'état d'infériorité numérique incontestable où se trouve la minorité.

(1) Schaffhouse est le seul canton où le message explicatif accompagne le referendum facultatif. C'est aussi le seul canton à referendum facultatif où le vote soit obligatoire : l'amende est de 2 francs.

(2) Hilty, *Das referendum im schweizerischen Staatsrecht*, p. 415.

(3) Pour plus de détails voir Deploige, *op. cit.*, p. 162 à 167.

A Neufchâtel, de 1879 à 1892, le referendum n'a été mis en mouvement que deux fois.

Il est à remarquer que tous ces cantons où le referendum est d'une pratique si rare, de même que celui de Fribourg, où il est inconnu, et celui du Valais (1), où existe un referendum obligatoire qui, en fait, ne fonctionne jamais, sont des cantons français. Ce peu de développement de la législation par le peuple tient probablement à l'éducation politique des habitants. Ceux-ci n'ont pas été habitués, comme dans la Suisse allemande, à s'occuper des affaires communales ; selon l'expression de M. Deploige, ils n'ont pas été « à l'école primaire de la liberté » et « cette lacune dans la vie communale se fait sentir fortement dans la vie politique, les populations romandes recevant et attendant beaucoup trop l'impulsion d'en haut (2) ».

C. *Initiative populaire* (3).

Nous avons vu l'initiative populaire fonctionner sur le

(1) Dans le Valais, nous l'avons vu, il n'existe qu'un referendum obligatoire en matières financières et seulement pour des dépenses dépassant 60.000 francs. En fait ce referendum ne fonctionne jamais, pour cette raison très simple que le Conseil s'arrange de manière à ne pas dépasser d'un coup le taux de 60.000 francs.

(2) J. Dubs, *Le droit public de la Confédération suisse*, t. I, p. 282.

(3) Il faut se garder de toute confusion entre le droit d'initiative et le droit de pétition. « L'initiative populaire, dit M. Brissaud, se distingue de la pétition d'abord en ce qu'on suppose qu'elle procède d'une partie plus considérable du peuple, puis en ce qu'elle renferme l'obligation pour le législateur de prendre une décision sur la demande qui lui a été présentée et de soumettre cette décision à la ratification du peuple ».

terrain constitutionnel ; nous allons la voir à l'œuvre maintenant sur le terrain législatif. C'est, comme le dit M. Deploige, la dernière conquête de la démocratie suisse (1). Mais, tandis qu'en matière constitutionnelle tous les cantons l'ont adoptée, elle ne s'applique à la législation ordinaire que dans certains cantons, dont le nombre va d'ailleurs toujours en augmentant. Ce sont : Zurich, Uri, Glaris, Zug, Soleure, Bâle-ville, Bâle-campagne, Schaffhouse, St-Gall, Grisons, Vaud, Neufchâtel, Genève, Argovie, Thurgovie, Appenzell Rh. E., Appenzell Rh. I., le Tessin et Berne. Dans ces deux derniers cantons l'institution est de date récente : le principe en a été posé pour le Tessin par la Constitution du 2 juillet 1892 et pour Berne par la Constitution du 4 juin 1893.

Pour être valable, une demande d'initiative doit émaner de citoyens actifs et réunir un nombre de signatures qui varie suivant les cantons. A Zug, Bâle-ville et Schaffhouse il en faut 1.000, à Bâle-campagne 1.500, à Genève et Thurgovie 2.500, à Neufchâtel 3.000, à St-Gall 4.000, à Zurich, en Argovie, dans les Grisons et le Tessin 5.000, dans le canton de Vaud 6.000, à Berne 12.000.

(1) Sans doute l'initiative populaire fonctionne depuis longtemps dans les cantons à Landsgemeinde ; mais sa forme et son organisation modernes, comme le remarque M. Deploige, sont récentes. Dans le canton d'Uri, par exemple, elle était organisée d'une façon assez curieuse. Pour pouvoir être soumise au peuple, une proposition devait être appuyée par sept citoyens appartenant à des familles différentes. C'était le *Siebengeschlechtbegehren*, qui n'a disparu qu'en 1888.

Tous les cantons n'attribuent pas la même portée à une demande d'initiative. En général elle peut tendre soit à l'adoption d'une loi nouvelle, d'un décret ou d'un arrêté législatif (1), soit à l'abrogation ou à la modification d'un acte législatif en vigueur (2).

Sous quelle forme une demande d'initiative peut-elle être présentée? Elle peut revêtir les mêmes formes que nous lui avons vu prendre en matière constitutionnelle, c'est-à-dire qu'elle peut consister soit en une proposition conçue en termes généraux, soit en un projet rédigé de toutes pièces. Mais bien rares sont les constitutions qui admettent les deux formes : on peut citer celles de Zurich, Soleure, St-Gall, Genève et Berne. Les autres semblent n'admettre que la simple proposition générale (3).

La demande doit être adressée à l'assemblée législative ordinaire dont le rôle varie suivant que la demande est conçue en termes généraux ou qu'elle se présente sous la forme d'un projet rédigé.

A) A l'égard des demandes du premier type, trois systèmes sont en vigueur.

1° On peut, comme à Bâle-campagne, dans les Grisons et le canton de Vaud, soumettre directement la

(1) Excepté dans les cantons de Schwytz, d'Argovie et de Schaffhouse. Dans le demi-canton de Bâle-campagne les décrets émanant de l'initiative populaire doivent être « des décrets de portée générale ».

(2) Excepté dans le canton de Schaffhouse.

(3) Cependant elles n'excluent pas expressément l'initiative formulée.

demande au peuple afin qu'il décide s'il doit y être donné suite. Se prononce-t-il pour la négative, la demande est enterrée. Se prononce-t-il pour l'affirmative le Grand Conseil procède à l'élaboration d'un projet conforme aux vœux de la demande.

2° Un second système, adopté à Schaffhouse et Thurgovie, consiste à faire rédiger immédiatement par le Grand Conseil le projet réclamé par la demande.

3° Dans les autres cantons, le Grand Conseil commence par discuter la demande. S'il y est favorable, il la formule en loi ; s'il ne l'approuve pas, il soumet la demande au peuple et on retombe dans le premier système.

B) A l'égard des demandes faites en forme de projet de loi rédigé, le Grand Conseil ne peut que présenter un contre-projet, s'il n'approuve pas la demande. C'est l'annihilation presque complète des représentants. La Chambre, comme le dit M. Deploige, ne fait plus que l'office d'un bureau d'entérinement.

« Cette forme « du décret souverain » est de toutes les combinaisons en présence celle qui a, au plus haut degré, le don d'exaspérer les vieux parlementaires. Ils se demandent, et l'on peut comprendre jusqu'à un certain point leur appréhension, ce que seraient ces ukases, préparés par des comités de circonstance, où il n'est point sûr que des hommes spéciaux, rompus aux secrets de la politique pratique, soient en nombre. Se figure-t-on, par exemple, un projet de tarifs douaniers, élaboré en dehors d'une Chambre et soumis tel que au peuple » (1).

Quelle que soit la forme sous laquelle elle se présente, toute proposition émanée de l'initiative populaire est toujours finalement soumise au peuple qui l'accepte ou la rejette.

SECTION II. — **Le referendum législatif aux États-Unis.**

L'emploi du referendum en matière législative est devenu très usuel aux États-Unis et y soulève des questions constitutionnelles fort intéressantes.

Il existe d'abord un véritable referendum obligatoire mais dans certains États seulement et pour certaines catégories de lois :

1° Dans nombre d'États la Constitution interdit de changer l'emplacement du siège du gouvernement sans en avoir référé au peuple. Le choix de la capitale de l'État fut même l'une des premières affaires sur lesquelles on consulta le peuple (2). L'exemple fut donné par la Constitution du Texas qui consacra, en 1845, l'obligation du vote populaire sur ce point. Dans l'État du Wyoming le peuple fixe aussi le siège de l'Université, l'emplacement de l'asile des fous, des pénitenciers et autres établissements publics.

(1) Wuarin, *op. cit.*, p. 637.
(2) E. P. Oberholtzer, *op. cit.*, p. 52.

2° On consulte encore le peuple sur les divisions d'États ou la formation d'États nouveaux.

3° L'intervention du peuple se produit aussi en matière de travaux publics, à propos de banques d'État, pour la location ou la vente de terres publiques et autres propriétés de l'État. Enfin certaines Constitutions fixent une limite aux pouvoirs des législatures en matière de taxes et d'emprunts. Passé cette limite, les projets d'impôts et d'emprunts doivent être soumis au vote populaire.

Il restait, en dehors des prévisions des Constitutions, une foule de matières sur lesquelles les législatures seules semblaient pouvoir prendre des décisions, puisqu'il n'est pas fait mention dans ces Constitutions d'un referendum facultatif. Mais, nous l'avons vu, les représentants dans les États particuliers de l'Union, ne jouissent pas d'une grande considération et ils semblent en avoir conscience, car, dès que surgit une question importante ou une question irritante à laquelle une partie considérable du peuple est favorable et une autre partie non moins considérable opposée, les législatures n'osent plus la trancher et la soumettent au referendum. C'est ainsi qu'avant la guerre de Sécession les projets relatifs à l'abolition de l'esclavage étaient portés devant le peuple. Aujourd'hui on peut citer parmi les questions que les législatures ne veulent pas prendre la responsabilité de résoudre, parce qu'elles soulèvent de violentes divergences d'opinions, les propositions relatives à la prohibition de la vente des liqueurs fortes ou les projets en faveur des droits électoraux des femmes.

Cette manière de procéder est-elle constitutionnelle? La question a été portée devant les Cours des États qui ont rendu à ce sujet beaucoup de décisions et de fort diverses.

En juin 1847, la Cour du Delaware décida que la soumission d'une loi au vote populaire était inconstitutionnelle (1). Parmi les États dont les Cours rendirent des arrêts analogues on peut citer ceux de Californie, Indiana, Iowa, Nevada, New-Hampshire, New-York, Pensylvanie et Texas.

Mais un revirement s'est produit dans la jurisprudence de beaucoup de Cours, et les États qui peuvent être réclamés aujourd'hui en faveur de la théorie de la constitutionnalité sont ceux de : Alabama, Arkansas, Colorado, Connecticut, Floride, Géorgie, Illinois, Kansas, Kentucky, Louisiane, Massachusetts, Maryland, Minnesota, Mississipi, Missouri, Nebraska, New-Hampshire, New-Jersey, New-York, North-Carolina, Ohio, Pensylvanie, Tennessee, Vermont et Wisconsin.

Le problème à résoudre était le suivant : Etant donné que la forme représentative est celle du gouvernement aux États-Unis, le referendum, dû à l'initiative de l'assemblée législative, ne constitue-t-il pas de la part de celle-ci une abdication pure et simple, en contradiction

(1) E. P. Oberholtzer, *op. cit.*, p. 105.

complète avec les principes du régime représentatif? La question se posa en même temps pour les lois d'*option locale* et pour les lois générales. Presque toutes les Cours la tranchèrent pour les premières dans le sens de la constitutionnalité (1). Mais pour les secondes la lutte fut plus vive et dure encore.

La première forme de gouvernement des États-Unis a été la forme républicaine, basée sur la représentation du peuple. Or le principe fondamental du gouvernement représentatif est que le peuple délègue ses pouvoirs à des corps constitués, responsables devant lui. Comment les représentants pourraient-ils s'en remettre au peuple du soin de trancher les questions qui leur sont soumises? Il ne leur est pas permis de déléguer à leur tour ce qui leur a été délégué (2). Tel fut l'avis d'un certain nombre de Cours, qui craignaient de voir les assemblées législatives tomber au rang de simples commissions parlementaires. L'arrêt rendu en 1847 par la Cour du Delaware, qui déclarait inconstitutionnel le referendum facultatif, se terminait par ces mots: « Ce serait détruire toutes les barrières élevées par la Constitution pour garantir la liberté, éviter tout envahissement du pouvoir législatif et se défendre contre les excès des majorités violentes et tyranniques. Nous tomberions dans une pure démocratie, ce qui est le pire de tous les

(1) Nous reviendrons sur ce point lorsque nous étudierons le referendum communal.

(2) En ce sens, voir: Esmein, *op. cit.*

maux. Tel est le régime qui va s'établir sous l'apparence désormais fictive, vaine et sans vie d'un gouvernement républicain ».

La Cour du Delaware se montrait bon prophète en prédisant l'évolution qui devait amener les États-Unis à la démocratie plus ou moins pure. Mais, comme en droit rien n'est changé dans la forme du gouvernement aux États-Unis, la majorité des Cours s'est basée, pour admettre la constitutionnalité du referendum facultatif, sur la « contingency », théorie qu'elles avaient inventée à propos des lois d'option locale. Le vote du peuple n'est qu'une condition apportée par la législature à la mise en vigueur de la loi ; or une assemblée législative peut faire des lois pour le cas d'un événement futur et incertain. Nous retrouverons cette question, lorsque nous parlerons des lois d'option locale.

Quoi qu'il en soit, le referendum législatif s'est propagé aux États-Unis, avec une rapidité étonnante (1) et ne semble pas y avoir donné de mauvais résultats.

Il y a eu tout récemment encore des propositions pour élargir les droits du peuple et il rentre dans le mandat donné aux chefs des travailleurs de réclamer une application plus large et plus générale du système (2).

(1) En Californie, en novembre 1892, 9 propositions à la fois furent soumises au verdict du peuple.

(2) Sur le mouvement référendiste aux Etats-Unis, voir : Oberholtzer, *op. cit.*, p. 20 à 24.

CHAPITRE III

LE REFERENDUM COMMUNAL.

Avec le referendum communal on entre dans le domaine administratif. C'est une variante, mais atténuée, du gouvernement direct, appliqué aux affaires d'intérêt communal, qui a été et est encore très répandu en Europe et on peut dire dans le monde entier sous la forme de l'assemblée générale des habitants. « On le trouve, dit Laveleye, dans le Tunscipmot des Anglo-Saxons comme dans les meetings des Townships en Amérique et des Vestrys en Angleterre, dans les réunions sur la place publique au sein des républiques italiennes, en France et en Belgique et en divers pays dans les communautés de village et récemment encore dans les assemblées des villages du royaume Lombardo-Vénitien. Dans la Dessah javanaise, dans le Mir russe, dans l'Allemend germanique comme dans le clan écossais et dans la tribu indienne, les résolutions d'intérêt général sont prises par tous les intéressés (1) ».

Le referendum communal consiste à soumettre à la ratification des habitants les décisions des conseils municipaux et principalement celles qui engagent les finan-

(1) De Laveleye, *op. cit.*

ces de la commune : c'est la forme qu'il a en Suisse. Mais il peut consister aussi en une consultation des habitants sur telle ou telle affaire : c'est sous cet aspect qu'on a tenté de l'introduire en France.

Le referendum communal ou municipal a fait jusqu'ici beaucoup moins de bruit dans le monde que le referendum législatif ou constitutionnel. C'est peut-être que les politiciens ne trouvaient pas grand intérêt à voir s'établir une institution qui, en somme, ne présente aucun caractère politique. Dans ces derniers temps, cependant, la question du referendum communal est devenue à la mode. Sans parler pour le moment de la Suisse et des États-Unis, dans certaines parties desquels le self-government en matière communale est pratiqué depuis très longtemps, le referendum communal a fait son apparition en Italie sous forme d'un projet de loi déposé en 1880 à la Chambre des députés. Voici dans quelles circonstances. Un grand nombre de conseils municipaux avaient démesurément obéré les contribuables et les dépenses de la péninsule avaient augmenté en 15 ans de plus de 50 0/0. L'opinion publique s'émut et la question fut portée devant les Chambres. Il résulte d'un rapport publié en 1881 que dans la pensée d'un grand nombre de députés, la meilleure mesure à prendre contre ces entraînements serait d'investir les habitants du droit d'approuver ou de rejeter tout vote d'un conseil municipal qui accroîtrait les charges locales. Ce droit serait exercé dans une assemblée spéciale et à l'aide d'un bulletin portant : oui ou non. Le gouvernement à son tour, une fois que les habitants se seraient prononcés dans un sens favorable, sanctionnerait ou repousserait au nom de l'État la délibération du conseil.

En France, le referendum communal a fait l'objet d'une proposition de loi présentée à la Chambre en 1890, qui fut d'ailleurs repoussée, et de quelques tentatives, toutes spontanées, de la part de certains conseils municipaux. Presque à la même époque des tentatives analogues se produisirent en Belgique. Dans les deux pays, du reste, elles rencontrèrent le même accueil et furent arrêtées par une circulaire du ministre de l'intérieur.

Nous allons étudier d'abord le referendum communal en Suisse et aux États-Unis. Puis nous retracerons rapidement les expériences auxquelles il a donné lieu en France et nous rechercherons à ce propos si l'application du referendum communal ne présenterait pas certains avantages tout en ne soulevant pas les mêmes critiques que le referendum législatif.

SECTION I. — **Le referendum communal en Suisse.**

Lorsqu'on étudie l'organisation communale en Suisse, il faut avoir bien soin de distinguer entre les communes des cantons allemands, où le self-government est pratiqué depuis des siècles et les communes des cantons romands où se fait sentir surtout l'influence des idées françaises.

« De tout temps, dit Dubs, les communes d'espèce germanique ont considéré leur droit et leur politique comme de conditions parfaitement égales à celles de l'Etat, et la théorie de Rousseau que le droit procède de l'Etat ne plairait nullement à nos communes. La commune a bien plutôt un droit de nature comme le citoyen et l'Etat ; la commune n'est pas déterminée par l'Etat, mais elle se détermine elle-même (autonomie communale nommée souvent aussi souveraineté) ; elle s'administre elle-même (self-government) ; elle agit en général comme une personne libre (liberté communale) ».

« Partout, dit encore le même auteur, dans la Suisse allemande, l'assemblée communale est le centre de l'organisation communale et c'est elle qui décide sur le fond de toutes les questions importantes. En revanche, dans la Suisse romande, comme en France, où règne l'idée que la vie communale procède de haut en bas, nous n'avons aucune espèce d'assemblée communale. Tout récemment on a commencé à parler là aussi, tout bas cependant, d'un referendum communal » (1).

Depuis que ces lignes ont été écrites, le referendum communal est entré dans le domaine de la pratique.

Le mouvement s'est manifesté d'abord dans le canton de Neufchâtel. Dans ce canton, le referendum fonctionne aujourd'hui, concurremment avec l'initiative populaire en matière communale. Ce sont là deux innovations de la loi des communes du 5 mars 1888 (art. 89 et 90) (2).

(1) J. Dubs, *op. cit.*

(2) *Annuaire de législation étrangère*, année 1888, p. 710.

Il existait déjà, sous la loi de 1875, un referendum obligatoire dans les cas où la commune voulait contracter certains engagements financiers. La loi de 1888 a rendu le referendum facultatif, mais en a fort augmenté le champ d'application.

Voici comment les choses se passent aujourd'hui dans le canton de Neufchâtel. Tout électeur communal a le droit d'initiative dans les affaires locales. Il peut proposer l'adoption, l'élaboration, la modification ou l'abrogation d'un règlement ou d'une décision de la commune ou la réalisation d'un projet quelconque intéressant la localité. La proposition doit être faite par écrit et signée par 5 0/0 des électeurs du ressort communal. Elle doit être soumise au conseil général ; si celui-ci la repousse ou en modifie la teneur, la question est nécessairement portée devant les électeurs communaux. Toute décision du conseil général ayant pour effet de modifier les impositions communales existantes ou de créer un nouvel engagement financier ou une nouvelle dépense à la charge de la commune, ainsi que tout arrêté contenant des dispositions générales et intéressant la commune dans son ensemble peuvent être soumis au vote des électeurs communaux si 5 0/0 d'entre eux en fait la demande dans un délai donné. Ne sont pas soumis à ce referendum facultatif les décisions ou arrêtés dont l'urgence a été prononcée par le conseil général à la majorité des 2/3 des membres présents. Enfin pour les décisions concernant le fonds des ressortissants, le referendum ne peut être exercé que par les électeurs neufchâtelois, domiciliés dans la commune et la demande n'en peut être faite que par 5 0/0 d'entre eux.

L'idée du referendum communal gagne du terrain en Suisse. Tout récemment le canton de Genève, qui en semblait le plus éloigné, l'a adopté par une loi du 12 janvier 1895, précédant ainsi les autres cantons romands dans l'application des principes du self-government aux affaires communales.

Dans les cantons allemands la participation du peuple à la gestion des affaires communales est encore plus intime et plus directe.

Dans les communes du canton de Berne le peuple exerce sa souveraineté directement dans des assemblées composées de tous les électeurs. « Bien qu'il choisisse, pour expédier les affaires courantes, des conseillers communaux qui répondent à nos conseillers municipaux, il garde le droit de statuer en dernier ressort sur les affaires importantes : création d'emplois permanents et rétribués, et fixation des traitements qui y sont attachés ; acceptation ou modification de tous les règlements communaux ; fondation d'églises, d'hôpitaux etc. ; imposition des taxes communales ; construction de bâtiments dont les devis dépassent le montant fixé par les règlements ; ventes et achats de propriétés, emprunts, fixation du budget et approbation des comptes. Pour décider de tout cela les électeurs se réunissent en assemblée communale environ trois fois par an : en mars, en mai et en octobre, par exemple. C'est en octobre qu'on examine le budget et qu'on fixe les impôts pour l'année suivante. Il peut y avoir d'autres réunions extraordinaires soit sur la demande du préfet, soit sur celle du président de la commune, soit sur le vœu de 30 électeurs. Chaque citoyen peut y prendre la parole et y faire les propositions qui lui plaisent » (1).

Dans le canton de Bâle-campagne voici comment les choses se passent depuis la loi du 14 mars 1881 sur l'organisation et l'administration des communes (2).

L'Assemblée communale se réunit sur la convocation du conseil municipal, aussi souvent que les affaires l'exigent, sur la convocation du Conseil d'État ou de l'administration du district en exécution des lois ; sur la demande signée par un nombre d'électeurs égal à trois fois le nombre des conseillers municipaux. La convocation doit toujours être faite deux jours à l'avance pour le moins. Le conseil dresse une liste des objets à discuter qui est distribuée aux électeurs.

L'Assemblée, présidée par le président de la commune, entend d'abord la lecture du procès-verbal de la séance précédente. Le président présente les observations du conseil sur les objets préparés par lui, puis la discussion est ouverte et ne peut être close que lorsque personne ne demande plus la parole. S'il y avait eu une

(1) R. de la Sizeranne, *Le referendum communal*, dans la *Réforme sociale*, livraison du 1er juin 1893, p. 842 et 843.

(2) *Annuaire de législation étrangère*, année 1881, p. 602.

commission nommée, il est donné lecture du rapport. Chaque électeur peut soumettre à l'Assemblée des objections sur des objets non indiqués sur la liste et qui devront être discutés à la réunion suivante. Une fois la discussion close, on passe au scrutin qui est public de droit ; l'Assemblée peut pourtant décider que le vote aura lieu au scrutin secret. Il est toujours procédé de cette façon pour la nomination des fonctionnaires, des employés et des commissions permanentes. Entre autres attributions, l'Assemblée communale doit, à la fin de chaque année, se prononcer sur les projets d'administration et de gestion des affaires et biens communaux pour l'année suivante, sur la régularité de la comptabilité. L'établissement des impôts, s'il y a lieu, l'émission des emprunts, les procès à intenter ou à défendre sont soumis à ses délibérations.

Dans le canton de Zurich, la loi qui organise le régime communal est du 27 juin 1875 (1). Les articles 46 et 47 sont consacrés aux assemblées communales. Elles se composent de tous les bourgeois habitant la commune et des forains qui y ont été admis à domicile, sauf, pour ces derniers, le cas où il s'agit d'affaires concernant les biens propres de la commune. Les attributions spéciales des assemblées communales sont la fixation des budgets annuels, la réception des comptes, le vote des impôts et l'approbation des dépenses non pré-

(1) *Annuaire de législation étrangère*, année 1875, p. 788.

vues au budget et qui excèdent la limite de tolérance accordée aux administrateurs ou comptables... Ces assemblées se réunissent soit sur la convocation des autorités communales compétentes, soit au jour fixé par elles-mêmes en se prorogeant.

On voit par ces exemples quelle est l'importance de l'Assemblée communale dans la Suisse allemande. C'est le principe de la *Landsgemeinde* appliqué aux affaires communales.

SECTION II. — **Le referendum communal aux États-Unis.**

Le referendum se pratique aux États-Unis dans toutes les subdivisions locales : comté, cité, village, township, district scolaire (1). C'est même là, dit M. Oberholtzer, que l'institution a pris son plus grand développement.

(1) Le town-ship est une circonscription que l'on peut comparer à notre canton ; il comprend un ou plusieurs districts scolaires ; il renferme, dans la nouvelle Angleterre, deux ou trois mille habitants répartis en plusieurs agglomérations analogues à nos communes rurales. Les besoins y sont plus nombreux que dans les districts scolaires : construction des chemins et des ponts, assistance des pauvres, organisation de la police et de la justice de paix.

Le district scolaire est la plus petite circonscription. Comme son nom l'indique il a été créé spécialement pour les écoles. L'éducation publique y est dirigée par des administrateurs nommés à temps par les électeurs du district qui ont également à décider sur la construction du bâtiment scolaire et sur l'achat des terrains qui y sont affectés.

Dans les town-ships de la nouvelle Angleterre, le principe du self-government a prévalu dès les premiers règlements de la contrée. « Dans la commune, dit Tocqueville, où l'action législative et gouvernementale est plus rapprochée des gouvernés, la loi de la représentation n'est point admise. Il n'y a point de conseil municipal ; le corps des électeurs après avoir nommé ses magistrats, les dirige lui-même dans tout ce qui n'est pas l'exécution pure et simple des lois de l'État (1) ».

Le town-ship est administré par trois commissaires, appelés selectmen, nommés généralement tous les ans par les habitants aux décisions desquels ils doivent se conformer dans l'accomplissement de leur mission. A l'expiration de leur mandat, les selectmen convoquent les habitants sur une place publique et leur rendent compte de leur gestion. Ils leur soumettent les diverses propositions qui attendent une décision. Puis les habitants procèdent à l'élection de nouveaux commissaires ou à la réélection des anciens et à la nomination des divers fonctionnaires du town-ship. Le vote usuel a lieu de vive voix, mais, quand le sujet est important et qu'il faut un jugement plus sûr, on emploie le bulletin de vote. Le droit de convoquer la réunion communale (town-meeting) n'appartient qu'aux selectmen mais ils peuvent être provoqués à le faire. Si dix propriétaires conçoivent un projet nouveau et veulent le soumettre à l'assenti-

(1) De Tocqueville, *La démocratie en Amérique.*

ment de la commune, ils réclament une convocation générale des habitants ; les selectmen sont obligés d'y déférer et ne conservent que le droit de présider l'assemblée (1).

Dans les Etats où le système du town-meeting n'était pas pratiqué, le referendum fit de bonne heure son apparition.

Deux cas sont à considérer :

1° Il s'agit d'une décision prise par les autorités et assemblées locales. Dès que la question présente une certaine importance elle est soumise directement aux intéressés.

a) Le peuple peut, dans certaines limites, déterminer par un vote direct la forme du gouvernement local. Cela est de règle dans certains Etats pour la question de l'organisation des town-ships.

Dans trois Etats, Missouri, Californie et Washington, les chartes des cités, dont la population dépasse un certain chiffre, doivent être soumises au peuple et approuvées par lui ainsi que les amendements qui peuvent y être apportés par la suite.

b) Dans les comtés, comme dans les Etats, le peuple peut déterminer le siège du gouvernement. Le peuple fixe souvent aussi, dans les cités, l'emplacement de la maison de la cité, et, dans les town, le lieu du vote.

c) Le referendum intervient, dans les subdivisions

(1) Cf. De Tocqueville, *op. cit.* ; Boutmy, *op. cit.* ; De Laveleye, *op. cit.*, t. 1, p. 90.

locales, pour la solution de mainte question financière, comme la création d'emprunts destinés à réaliser des améliorations locales.

d) Enfin le referendum est encore pratiqué lorsqu'il s'agit de trancher des questions suscitant des oppositions violentes dans la commune.

2° Ou bien il s'agit « d'une question de la compétence de la législature, donc donnée sous forme de loi, mais qui n'intéresse qu'une région en particulier ou bien pour laquelle la législature ne croit pas nécessaire d'établir une loi uniforme pour tout l'État et s'en remet aux intéressés de chaque district, comté, ville ou cité, de décider s'ils veulent accepter la loi votée par la législature de l'État (1) ». C'est le cas des lois à *option locale* qui sont aussi, nous l'avons vu, pratiquées en Angleterre. On peut citer, comme exemple de « *local option Laws* », les lois relatives à la fermeture des magasins le dimanche, au trafic des liqueurs fortes, à la taxation des chiens, la loi permettant au peuple de décider si les propriétaires doivent établir des barrières ou si on peut laisser le bétail et les autres animaux domestiques courir en liberté, etc.

La constitutionnalité de ce procédé a été assez sérieusement mise en doute. Il semble bien, en effet, en opposition complète avec la conception politique de l'État aux États-Unis. Aussi pour justifier les lois d'*option*

(1) Saleilles, *op. cit.*

locale la plupart des Cours firent-elles intervenir la « *contingency theory* ». Les lois d'*option locale* sont des lois faites sous la condition qu'elles seront acceptées par les divers intéressés dans les comtés, cités, districts. Or il n'est pas douteux que la mise en vigueur d'une loi puisse être affectée d'une condition. Seulement quelques Cours ne voulurent pas voir dans l'acceptation d'une loi par les diverses subdivisions locales une condition proprement dite. Les adversaires des lois à *option locale* ajoutent, comme dernière raison, que ce système, appliqué à certaines matières comme le droit pénal, par exemple, présenterait les plus graves inconvénients par les inégalités qu'il occasionnerait dans les diverses parties d'un État au point de vue de la répression des crimes et des délits.

Constitutionnelles ou non, les lois à option locale sont d'une application fréquente aux États-Unis. C'est là un procédé de décentralisation qui pourrait donner de bons résultats dans certains pays centralisés à outrance. Ce pourrait être aussi un excellent moyen d'apaisement. En laissant aux divers groupes d'intéressés toute liberté pour solutionner, comme il leur conviendrait, certaines questions irritantes, telle qu'en France la question de la liberté de l'instruction publique, par exemple, on ferait cesser des dissentiments fâcheux pour la bonne administration des affaires du pays.

SECTION III. — Le referendum communal en France (1).

La question du referendum communal a été mise à la mode en France par les tentatives de certains conseils municipaux, tentatives toutes spontanées et qui n'avaient aucun caractère politique.

L'exemple fut donné en novembre 1888 par la petite ville de Cluny. Il s'agissait de créer un emprunt pour l'installation d'une caserne. N'osant prendre sur lui la responsabilité de cette décision, parce qu'il s'était engagé à ne voter ni emprunts ni impôts nouveaux, le conseil municipal eut l'idée de consulter les électeurs. Chacun d'eux reçut une carte spéciale, deux bulletins portant l'un : oui, l'autre : non, et enfin une note indiquant le montant actuel des contributions payées par lui et le chiffre qu'elles atteindraient après le vote de l'emprunt. Le projet fut repoussé par 479 voix contre 298 et le conseil municipal n'y donna pas suite.

L'exemple de Cluny fut suivi. En décembre 1888, le conseil municipal de Bagnols consulta les habitants pour savoir s'ils désiraient que le marché aux blés fût réintégré sur la grande place du marché. Quelque temps

(1) L'adoption du referendum communal en France ne serait, comme l'a fait remarquer M. de Mackau à l'appui de son projet de loi, qu'un retour à l'ancien droit car, dans les communautés de village, tout était décidé par l'assemblée de tous les pères de famille et, en principe général, la commune ne pouvait être engagée que par le vote des deux tiers.

après, la ville de Riom recourut au referendum pour décider s'il fallait contracter un emprunt d'un million pour l'installation d'un régiment. La réponse fut négative. — La petite ville de Couhé (Vienne) demanda aux habitants leur avis au sujet de l'établissement des droits de péage sur les champs de foire. — En février 1889 le conseil municipal de Bergerac soumit aux électeurs la question de l'emplacement du marché aux bœufs. Le mouvement gagnait de proche en proche lorsqu'une circulaire du ministre de l'intérieur, du 23 mars 1889, invita les préfets « à prononcer la nullité de toute délibération par laquelle les conseils municipaux de leur département auraient décidé de recourir au referendum ». M. Léon Donnat (1) estime que cette sévérité n'était pas justifiée. « D'abord, dit cet auteur, il n'y a pas eu referendum proprement dit. Le referendum consiste, dans le droit accordé expressément aux citoyens d'accepter ou de rejeter les décisions prises par les pouvoirs publics. Il est parfaitement vrai de dire que ce droit n'est reconnu ni par notre constitution ni par nos lois. Si le conseil municipal de Cluny avait décidé qu'à l'avenir ses délibérations seraient soumises à la sanction populaire, le gouvernement, gardien de la légalité, se serait vu obligé d'annuler une semblable délibération ». Je ne suis pas de l'avis de M. Donnat. Le referendum antérieur n'est pas moins contraire que le refe-

(1) *Op. cit.*, p. 548 et suiv.

rendum postérieur au régime représentatif dont la maxime élémentaire, on l'a dit, est que les élus sont investis de pleins pouvoirs. La circulaire ministérielle faisait remarquer d'ailleurs que le suffrage universel ne peut être régulièrement consulté que lorsqu'il s'agit de la nomination des membres des conseils élus ou des fonctionnaires de l'ordre électif. Sans doute, ajoutait-elle, les conseils municipaux ont le droit et le devoir de consulter les vœux de la population mais seulement dans les formes légalement établies (1).

Conformément à cette circulaire un arrêté du 27 novembre 1892 a déclaré illégale et nulle une décision du conseil municipal de Paris qui soumettait aux électeurs la question de savoir si la Ville prorogerait son traité avec la Compagnie du gaz en exigeant un abaissement de tarif ou si elle resterait libre de contracter avec toute autre, lorsque le traité actuel serait expiré. Une se-

(1) Il y a eu en Belgique quelques tentatives locales analogues à celles qui se sont produites en France. Dans le courant de janvier 1893 les conseils communaux d'Anderlecht, de St-Josse-ten-Noode, de St-Gille et de Molenbeck-St-Jean eurent recours au referendum. Un arrêté royal du 14 février prononça la nullité de ces délibérations et prescrivit la radiation des dispositions annulées en marge des registres des procès-verbaux. L'arrêté ne contenait aucune considération à l'appui de la décision gouvernementale mais le rapport au roi, qui le précédait, précisait les motifs qui avaient servi de base à la décision du gouvernement. En voici un passage : « Si le conseil municipal peut légitimement chercher à connaître les vœux de ses administrés quant aux mesures d'intérêt local qui rentrent dans sa mission... on ne saurait lui reconnaître le droit de créer dans la commune un organisme nouveau, une sorte de collège électoral dont la loi n'a réglé ni la composition ni le fonctionnement ».

conde décision du même conseil municipal tendant à soumettre aux électeurs la question du Métropolitain eut le même sort (1).

Les tentatives locales de 1888-89 eurent leur contrecoup à la Chambre. Le 27 mars 1890, M. de Mackau et plusieurs de ses collègues déposèrent un projet de loi établissant le referendum facultatif de la part des conseils municipaux en matière de dépenses communales. La proposition était modeste et présentait un intérêt incontestable. Mais elle avait des côtés réactionnaires qui effrayèrent la Chambre. C'est ainsi que le droit de vote n'était reconnu qu'aux contribuables inscrits au rôle d'une des 4 contributions directes (art. 3 de la proposition) et que le montant des impositions des électeurs entrait en ligne de compte dans le résultat du scrutin (art. 5). Le projet de M. de Mackau n'eut même pas les honneurs de la prise en considération, qui fut repoussée par 312 voix contre 187. Seulement la discussion qui se produisit à ce sujet permit de constater que beaucoup de députés, tout en repoussant l'organisation proposée par M. de Mackau, admettaient le principe du referendum municipal (2).

Voilà où en est aujourd'hui en France la question du referendum communal. On le voit réapparaître de temps

(1) Tout récemment encore le conseil municipal de Suresnes a consulté les habitants par voie de referendum sur la question du tarif des pompes funèbres. Sa décision a été annulée.

(2) Voir R. de la Sizeranne, *op. cit.*, p. 833 à 836.

en temps dans les discussions de la Chambre, prôné tantôt par les socialistes, tantôt par les réactionnaires ; et ce double patronage est peut-être ce qui lui fait le plus de tort aux yeux de la majorité, car le referendum, sur le terrain communal, pourrait offrir certains avantages tout en ne soulevant pas les mêmes critiques que sur le terrain législatif.

L'une des grosses objections qu'on fait au referendum législatif est la difficulté de son application dans un grand pays, comme la France. La France, dit-on, n'est comparable à un canton suisse ni par sa population, ni par son étendue ; le referendum y mettrait en mouvement des masses trop considérables d'électeurs. Cette objection ne peut pas être adressée au referendum communal qui ne concerne en général que de petites agglomérations. Sans doute il y a Paris et quelques grands centres. Mais ne pourrait-on faire, ce qui existe chez la plupart des autres peuples, une législation distincte pour les communes urbaines et pour les communes rurales ?

Je ne crois pas davantage qu'on puisse arguer, en matière communale, de l'incompétence ou de l'ignorance du peuple. Les habitants des campagnes sont, en général, très au courant des affaires de leur commune et s'y intéressent parce que cela les touche de près. Le referendum, sur le terrain communal, n'aurait pas à résoudre des problèmes très compliqués. Il s'agit, par exemple, de bâtir une halle ou une école ou d'exécuter n'importe quel autre travail utile à la commune. Il faudra, pour le faire, que chacun paye, au prorata de ses impositions, des centimes additionnels. Voilà une question sur laquelle tous les habitants peuvent se former une opinion ; car ils sont assez éclairés, en général, pour calculer si l'intérêt bien entendu de la commune vaut l'argent qu'ils auront à débourser. Le referendum communal pourrait, dans certains cas, mettre un frein très utile à la tendance fâcheuse qu'ont certains conseils municipaux à gaspiller les ressources de la commune (1).

La participation du peuple à l'administration des affaires communales constituerait un excellent apprentissage à la vie politique. « Le régime communal, dit Bluntschli, a ici une importance particulière ; il est le fondement de l'organisme de l'État. C'est dans la commune que le citoyen se forme à la participation des affaires publiques, au self-government, à la liberté civique. Les assemblées générales des citoyens y sont encore possibles du moins dans les communes peu considérables et surtout dans les communes rurales ; les plus grandes nomment une sorte d'assemblée représentative ».La commune est la véritable école du self-government chez tous les peuples libres : la consultation

(1) Comme l'a fait remarquer M. Paul Deschanel (*Temps*, 10 janv. 1891), en France, depuis la suppression des *haut imposés*, il n'y a plus aucun correctif aux entraînements financiers des conseils municipaux.

des habitants sur certaines questions d'ordre municipal dans les petites communes y est pratiquée d'une façon constante (1).

Tout le monde se plaint de l'excès de centralisation auquel on est arrivé. Voilà longtemps, il est vrai, que le mal existe. « Paris tête trop grosse pour le corps », disait déjà le dernier des Valois. N'est-ce pas le marquis de Mirabeau, l'auteur de l'*Ami des hommes*, qui définissait la France : « une tête apoplectique sur un corps anémié » ? De tous côtés on cherche aujourd'hui à réagir contre le mal et contre la plaie de la bureaucratie qui en est une conséquence (2). Pour y remédier il faut s'efforcer de substituer peu à peu à l'action des fonctionnaires celle des citoyens (3). Le referendum communal pourrait être en la circonstance un excellent instrument de décentralisation. En intéressant davantage les habitants à l'administration de leur commune, il développerait la vie communale, ce qui serait une excellente chose. « A l'étranger, dit M. Ferrand, la commune et la province sont des foyers de vie, d'efforts, d'agitation saine ; on y lutte, on s'y concerte, on s'y passionne à propos des questions et des magistratures locales, de l'impôt, de l'instruction, de l'assistance, de l'hygiène,

(1) Cf. Paul Deschanel, *La réforme administrative* (*Temps* du 10 janv. 1891).

(2) « La France, dit M. Deschanel, n'est pas une démocratie, c'est une bureaucratie ».

(3) Suivant un mot attribué au prince Albert, les Français sont de « simples spectateurs de leur gouvernement ».

des travaux publics ; mais, grâce à ces dérivatifs, les affaires de l'Etat sont soustraites, au moins dans une certaine mesure, à la controverse universelle, à l'emportement et traitées en général avec plus de maturité (1) ».

Pour toutes ces raisons la question du referendum communal mérite d'être prise en sérieuse considération. Comme on l'a fait remarquer, d'ailleurs, nous en avons déjà le germe dans l'enquête *de commodo et incommodo*. Il ne s'agit donc pas là d'un bouleversement radical (2).

(1) Ferrand, *Institutions administratives en France et à l'étranger*.
(2) Cf. R. de la Sizeranne, *op. cit.*

TROISIÈME PARTIE

EXAMEN CRITIQUE DU REFERENDUM.

Il n'est pas d'institution qui prête plus à la controverse. Tandis que les uns lui attribuent toutes les qualités, les autres la chargent de tous les défauts. Qu'y a-t-il de vrai au fond dans les arguments pour et contre que se renvoient les partisans et les adversaires du referendum ? C'est ce que nous allons rechercher en dressant, en quelque sorte, le bilan de l'institution (1).

Pour mettre un peu de méthode dans cette étude nous parlerons d'abord du referendum antérieur qui est d'une application assez rare, puis du referendum postérieur, sur lequel porte presque toute la discussion.

(1) Je ferai seulement remarquer que pour juger avec impartialité le referendum, il faut toujours considérer le terrain sur lequel il se meut. Ce qui est vrai du referendum législatif ne l'est pas toujours du referendum constitutionnel ou du referendum communal.

CHAPITRE PREMIER

EXAMEN CRITIQUE DU REFERENDUM ANTÉRIEUR.

Nous savons déjà en quoi consiste ce referendum et comment il se divise en *referendum d'initiative* et *referendum de partage*. Nous allons le considérer successivement sous ses deux aspects.

SECTION I. — **Referendum d'initiative.**

Qu'il soit mis en mouvement par le chef de l'État ou par la représentation nationale, le referendum d'initiative est incontestablement en opposition complète avec les principes du gouvernement représentatif. Est-ce le chef de l'État qui consulte le peuple sur une question de principe actuellement soumise à la législature ? Il faut bien reconnaître que cette façon de procéder se rapproche beaucoup du gouvernement plébiscitaire (1). Il devient très facile au chef de l'État d'ôter la parole aux Chambres. Sont-ce les représentants au contraire qui s'adressent au peuple pour avoir son avis ? C'est un renversement complet des rôles. Comme on l'a très bien

(1) *** Le referendum belge, *Revue des Deux-Mondes*, 1er mai 1892, t. 111.

dit, c'est à la représentation nationale d'éclairer le peuple et non au peuple d'éclairer la représentation nationale. Si le pays se donne des représentants, en effet, c'est pour pouvoir travailler en paix, débarrassé du souci des affaires publiques, et non pour être dérangé à tout propos par des demandes de consultation que la crainte des responsabilités rendrait encore plus fréquentes de la part des législatures. Du jour où cette forme de referendum serait pratiquée, c'en serait fait de tout esprit d'initiative chez les élus.

Un autre inconvénient de ce système c'est que le pays serait appelé à se prononcer par oui ou par non sur une question rédigée en termes généraux et par là même très vagues (1).

« Avec la très grande majorité des hommes politiques, dit M. Signorel, je me prononce sans hésitation contre le referendum d'initiative (2) ». Je souscris pleinement à cette condamnation, mais en faisant remarquer que cette sorte de referendum présenterait moins d'inconvénients sur le terrain communal. Ne l'avons-nous pas déjà en germe dans l'enquête de *commodo et incommodo* (3)? D'ailleurs, si le referendum d'initiative est en contradiction complète avec le régime représentatif, il faut bien reconnaître que cette forme de gou-

(1) Cf. Van den Heuvel, *op. cit.*
(2) Signorel, *op. cit.*
(3) Cf. Paul Deschanel, *La réforme administrative* (*Temps* du 10 janvier 1891).

vernement est moins essentielle pour de petites agglomérations que pour de grands Etats. Il semble qu'en matière communale la consultation préalable, pratiquée dans une sage mesure par les conseils municipaux et seulement pour des questions d'une certaine importance, pourrait avoir de bons résultats.

SECTION II. — **Referendum de partage.**

C'est là une institution très originale et très intéressante, en théorie du moins, car je doute fort que, si jamais il est appliqué, le referendum de partage réponde aux espérances de ses partisans ; il soulève trop de difficultés pour cela et surtout fait jouer au peuple un rôle auquel il n'est point apte. Nous connaissons les conditions de son fonctionnement(1). Il suppose un pays où le pouvoir législatif est confié à deux Chambres. Un conflit s'étant élevé entre elles et toutes les tentatives de conciliation ayant échoué, comment va-t-on sortir de cette situation préjudiciable aux intérêts du pays ? Soumettez, dit-on, la question, qui a occasionné la crise, au pays constitué en arbitre suprême ; sa sentence tranchera le conflit d'une façon absolue, sans laisser place aux récriminations. — En théorie c'est peut-être très séduisant. Mais en pratique ! Du jour où le pays serait appelé à jouer un pareil rôle, je crois bien que le Sénat

(1) Voir : Introduction, p. 16.

n'aurait plus qu'à disparaître. Représentant le pouvoir modérateur dans le gouvernement, le Sénat, s'il est fidèle à sa raison d'être, doit arrêter toute expérience trop hasardée tentée par la Chambre basse, s'opposer à toute résolution prise par celle-ci dans le seul but de flatter les masses (1). Qu'un conflit surgisse et que le peuple soit appelé à le trancher, il y a bien des chances pour que ce soit la Chambre issue directement du suffrage universel qui trouve raison devant lui. Alors de deux choses l'une : ou le Sénat cédera et c'en sera fait pour lui de toute autorité dans l'avenir, ou il persistera dans une résolution qu'il juge bonne et alors le conflit devient insoluble, dans les pays du moins, et ce sont les plus nombreux, où le Sénat ne peut être dissous. Supposons d'ailleurs que le peuple, déjouant toutes les prévisions, se montre impartial dans l'exercice de ses fonctions d'arbitre. Il est à craindre que la possibilité du referendum ne multiplie les conflits entre les Chambres, chacune d'elles préférant courir les chances du verdict populaire plutôt que céder. « Les deux assemblées, dit M. Van den Heuvel, n'auront plus qu'un seul souci : formuler leur sentiment en des termes qui soient les plus propres à leur acquérir les sympathies et la faveur du tiers arbitre, le peuple (2) ». Dans l'état actuel des

(1) Stuart Mill dit que dans la Constitution il doit y avoir un centre de résistance au pouvoir prédominant. C'est le Sénat qui, dans les pays comme la France, doit jouer ce rôle. S'il ne le remplit pas, il perd toute raison d'être.

(2) Van den Heuvel, *op. cit.*, p. IX.

choses, au contraire, les deux assemblées, ayant conscience de leur responsabilité, se font en général des concessions réciproques qui empêchent d'aboutir à un conflit aigu.

Le referendum de partage ne serait pas d'ailleurs facile à organiser. « A quel moment précis fera-t-on commencer le conflit? Sur quelles questions le peuple se prononcera-t-il? Quelle sera la portée du vote populaire? » Autant de points délicats, dit M. Van den Heuvel (1).

Bref, je crois que le système actuel, qui s'en remet surtout à la sagesse des Chambres du soin d'éviter les conflits, vaut mieux que le referendum de partage qui, loin d'aplanir les difficultés, envenimerait plutôt les choses. Il reste toujours comme dernière ressource, au cas où le conflit prend un caractère trop aigu, d'user du droit de dissolution qui aboutit au même résultat que le referendum puisqu'il permet au pays de se prononcer sur la politique de la Chambre basse.

(1) *Op. cit.*, p. X.

CHAPITRE II

EXAMEN CRITIQUE DU REFERENDUM POSTÉRIEUR.

Le referendum postérieur est en quelque sorte la forme normale du referendum, la seule qui soit appliquée ou à peu près. Aussi est-ce à son propos qu'on peut le mieux étudier les avantages et les défauts de l'institution.

Nous exposerons, dans une première section, les arguments invoqués par les partisans du referendum et, dans une seconde, les objections que lui adressent ses adversaires en nous efforçant de découvrir ce qu'il y a de vrai ou de faux dans les uns et les autres.

SECTION I. — **Arguments invoqués en faveur du referendum.**

La liste en est assez longue. En outre ils sont de nature et de valeur fort diverses. Je crois qu'on peut, sans trop d'arbitraire, les classer en trois groupes suivant qu'ils sont tirés de considérations purement théoriques ou de considérations d'utilité pratique ou de considérations en quelque sorte morales.

I

Ce premier groupe ne se compose que d'un argument. Nous le connaissons déjà. Il est tiré tout entier du *Contrat social*. La loi, suivant Rousseau, c'est l'expression de la souveraineté nationale. Or « la souveraineté ne peut être représentée par la même raison qu'elle ne peut être aliénée ; elle consiste essentiellement dans la volonté générale et la volonté ne se représente point ; elle est la même ou est autre ; il n'y a point de milieu ». Il n'y a donc qu'un système de gouvernement logique, c'est celui du gouvernement direct. Comme, en fait, il est d'une pratique impossible, il faut chercher à se rapprocher le plus possible de cet idéal, ce qu'on ne peut faire qu'en adoptant le referendum.

Le raisonnement paraît logique. Si, en effet, les volontés peuvent être transmises, reproduites fidèlement, il semble bien en revanche qu'elles ne peuvent être représentées d'une manière permanente. « Les volontés ne se représentent pas, a dit Royer-Collard. Leur souveraineté reste sur la place publique et c'est toujours là qu'il faut aller la chercher, car elle ne peut en sortir (1) ».

Seulement où Rousseau se trompe, et cette erreur entraîne la ruine de toute sa théorie, c'est lorsqu'il pré-

(1) Royer-Collard, *Discours et écrits*, t. II, p. 464.

tend que la loi n'est pas autre chose que l'expression de la volonté générale. C'est bien plutôt une question de droit, dont la solution exige chez le législateur de l'instruction, du bon sens et un grand esprit de justice. « La définition de Rousseau, dit M. Esmein, n'est pas rigoureusement exacte ; elle contient un abus de langage. La loi doit nécessairement procéder de la nation en ce sens que la nation souveraine peut seule faire les lois ou conférer le pouvoir de les faire ; mais il n'est pas vrai que la loi soit nécessairement et simplement l'expression directe et immédiate de la volonté générale, formulée de façon précise par la majorité des citoyens. Elle est avant tout une règle de justice et d'intérêt public (1) ».

Je conclus de tout ceci que le gouvernement représentatif se justifie parfaitement en théorie et que le raisonnement sur lequel on se base pour l'exclure est erroné. Seulement je crois que ses partisans vont trop loin, à leur tour, lorsqu'ils déclarent inadmissibles le gouvernement direct ou le referendum. « Puisque, dit M. Signorel, le principe sur lequel on s'appuie pour fonder le gouvernement direct est faux et inadmissible, il est inutile de chercher à s'en rapprocher au moyen du referendum. Ainsi, en théorie, cette institution se trouve dépourvue de tout fondement (2) ». Il y a là une erreur. Si le peuple peut déléguer sans aucune restriction ses

(1) Esmein, *op. cit.*, p. 236.
(2) Signorel, *op. cit.*, p. 110.

pouvoirs à des représentants, il peut aussi, en les déléguant, se réserver un certain droit de contrôle. Qui peut le plus peut le moins.

Tous les systèmes qui respectent la souveraineté nationale sont légitimes. Peu importe théoriquement que le peuple, sa souveraineté une fois reconnue, l'exerce lui-même directement ou la délègue à des représentants (1). Il n'y a que les résultats qui comptent. « Le gouvernement représentatif fournit-il plus de chances que le gouvernement direct pour obtenir une législation juste, utile, rationnelle? Là est toute la question et cette question ne saurait être douteuse (2) ».

II

Le second groupe d'arguments invoqués en faveur du referendum est tiré des inconvénients du régime représentatif pur et des avantages qui résulteraient de sa combinaison avec le système du gouvernement direct.

Voyez, disent les partisans du referendum, ce qui arrive dans les pays où l'on pratique le régime représentatif et plus spécialement le régime parlementaire. On y est passé du despotisme d'un souverain sous celui des Chambres. Or celles-ci s'épuisent en combinaisons mesquines d'où l'intérêt du pays est complètement exclu et qui ne visent qu'à satisfaire l'ambition personnelle des

(1) La souveraineté nationale, a-t-on dit, c'est non le droit de gouverner, mais le droit d'être bien gouverné.

(2) Esmein, *op. cit.*, p. 236.

députés. « Petites conceptions, disait Louis Blanc, petites manœuvres, petites habiletés, voilà de quoi se compose l'art de conquérir une majorité dans une assemblée qui dure longtemps. On y arrive à ne plus tenir compte de ce qu'on a devant soi et le pays est oublié ». Ce régime, qui constituait sans doute un progrès sur ceux qui l'avaient précédé, a pu faire quelque temps illusion sur sa valeur propre. Mais il faut bien constater aujourd'hui qu'il n'a pas tenu ses promesses. Le peuple est las de se voir à la merci d'un certain nombre d'individus qui le flattent pour parvenir et, aussitôt au pouvoir, se hâtent d'oublier leurs engagements et se conduisent en maîtres absolus. Tout cela doit finir. Le referendum donnera à la législation un caractère populaire, en harmonie avec les tendances actuelles. Il remettra chaque chose à sa place, en ruinant l'omnipotence des Chambres et en restituant à la nation l'exercice effectif de la souveraineté qu'elle n'aurait jamais dû perdre. Enfin, avec le referendum, les petitesses de l'esprit de coterie disparaîtront, on n'aura plus à redouter « l'influence excessive des partis, les groupements inattendus, les surprises du scrutin qui tantôt donnent à un ministère une assez forte majorité, tantôt lui refusent un vote de confiance ». Et, pour arriver à ce résultat, il n'est pas même besoin de pratiquer constamment le referendum : « La crainte d'un recours au peuple est le commencement de la sagesse politique (1) ».

(1) Brissaud, *op. cit.*

Ce n'est pas manquer de respect au régime parlementaire que de constater combien son mécanisme a été faussé dans certains pays. Seulement ce n'est pas l'institution elle-même qui est mauvaise, ce sont les hommes qui la mettent en œuvre. Toutes ces petites manœuvres, ces petites intrigues, dont parle Louis Blanc, existent. Qui le nie? Mais supposons qu'on dote la France, par exemple, du referendum ; croit-on qu'il suffira de l'introduction de ce nouveau rouage dans la machine gouvernementale pour que tout s'y passe avec simplicité et régularité. L'ambition personnelle ne perdra pas ses droits. La scène où se jouera la comédie politique se trouvera agrandie et voilà tout ; quant au reste rien ne sera changé. On flattera toujours le peuple, on abusera toujours de sa crédulité, ce qui n'est pas difficile ; seulement les moyens employés par les politiciens seront plus grossiers. Je doute fort que la crainte du peuple inspire la sagesse politique aux gouvernants et je crains bien plutôt qu'elle ne les dispose à la servilité et aux complaisances honteuses vis-à-vis des électeurs.

On ne voit pas trop, d'autre part, quel avantage la législation pourrait retirer du caractère « doublement populaire » (1) que lui donnerait le referendum. « Toutes les fois, dit M. Brissaud, qu'on tente une innovation il

(1) « La législation, dit M. Hilty (*op. cit.*), acquiert un caractère doublement populaire. Le peuple apprend à mieux connaître les lois, surtout quand elles sont accompagnées de messages explicatifs. D'autre part la Chambre est obligée de n'élaborer que des lois simples, courtes, compréhensibles pour la masse ».

est toujours bon d'avoir l'opinion publique nettement déclarée pour soi » (1). Cela est préférable en effet. Mais M. Brissaud croit-il que le peuple saisisse toujours bien la portée des innovations qu'on lui propose et n'y a-t-il pas des cas où il vaut mieux ne pas être forcé de lui demander son concours ?

Voici maintenant deux arguments, mis en avant par les partisans du referendum, qui me semblent contenir une certaine part de vérité.

a) Un des grands avantages du referendum, dit-on, est de montrer clairement où se trouve la majorité et de mettre fin à toutes les protestations de la minorité. Quand le peuple s'est prononcé, tout est dit ; les questions irritantes sont fermées. Ainsi la loi de 1875, en Suisse, sur l'état civil et le mariage avait surexcité l'opinion. L'agitation fut telle que le referendum fut demandé par plus de 100.000 électeurs. Approuvée par 213,099 voix contre 205,069, la loi fut appliquée partout sans la moindre résistance. M. Naville prétend, il est vrai, que l'on escamota le vote, les règles sur le divorce et le mariage civil ayant été dissimulées sous les articles de l'excellente loi sur l'état civil. « Mais, dit M. Brissaud, personne ne se faisait illusion en Suisse sur la gravité de la loi de 1875. Le grand nombre des votants, le faible écart des voix suffirait à le prouver (2) ». Le referendum, à ce point de vue, pourrait être d'un

(1) *Op. cit.*
(2) *Op. cit.*

grand secours dans la lutte engagée partout aujourd'hui contre le socialisme. Il est incontestable que les socialistes, à l'heure actuelle ne constituent qu'une assez faible minorité qui cherche à faire illusion sur ses forces par une agitation habilement entretenue ; le referendum aurait cet excellent résultat d'y mettre un frein en permettant au pays de faire connaître nettement ses sentiments. Deux votations récentes en Suisse semblent bien corroborer cette opinion.

b) On a reproché au referendum de rendre tout gouvernement impossible. C'est le contraire qui est vrai, disent ses partisans. « L'esprit de suite ne fera pas défaut au gouvernement, car il n'y aura pas autant de raisons pour changer les représentants du peuple ; les mêmes députés seront longtemps maintenus en fonctions et les mêmes hommes d'État présideront indéfiniment à l'exercice des pouvoirs publics (1) ». Si ce résultat qui, en effet, s'est produit en Suisse (2), est bien dû à la pratique du referendum, il est tout à l'avantage de l'institution. Mais je crains un peu qu'il ne faille en faire honneur au caractère du peuple suisse qui n'aime pas le changement pour lui-même et que la même cause ne produise pas les mêmes effets, en France, par exemple, où un peu plus de stabilité gouvernementale ne serait cependant pas à dédaigner.

(1) Brissaud, *op. cit.*

(2) En Suisse, a-t-on dit, les autorités ne se démettent jamais et se soumettent toujours.

J'ai gardé pour la fin trois arguments invoqués en faveur du referendum, sur lesquels il convient d'insister un peu plus longuement.

Ce qui fait la grandeur et la beauté du gouvernement représentatif, a-t-on dit, c'est qu'il donne du lest à chacune des trois puissances, selon l'expression de Montesquieu, pour la mettre en état de résister au deux autres. Or, il faut bien reconnaître que dans beaucoup de pays cet équilibre a été singulièrement rompu au profit du pouvoir législatif et au détriment du pouvoir exécutif. Ce dernier est bien armé, théoriquement, du droit de veto et du droit de dissolution, mais, en fait, il n'en use jamais ou presque jamais. Le referendum viendrait rendre leur efficacité à ces deux attributs du pouvoir exécutif et ainsi, loin de troubler l'économie du gouvernement représentatif, il en rétablirait l'harmonie. Ce double effet du referendum a été mis surtout en lumière par les débats auxquels donna lieu la tentative faite en Belgique pour l'introduction du referendum royal. — Le troisième avantage du referendum serait de permettre aux minorités de faire entendre leur voix ce qui est impossible avec le système électoral généralement adopté qui laisse les minorités sans représentation au sein du Parlement.

Nous allons examiner successivement ces trois arguments.

A. — Le droit de veto est reconnu au chef de l'État, avec plus ou moins d'étendue, dans toutes les constitutions européennes à forme représentative. Or la manière dont on y pratique le parlementarisme fait que le souverain n'y a recours que dans des cas de plus en plus rares (1). A quoi cela tient-il? A ce que le mécanisme du gouvernement représentatif a été faussé par l'effacement, chaque jour plus grand, du pouvoir exécutif devant le pouvoir législatif. Dans les pays à forme monarchique, le souverain n'a plus qu'un souci : protéger sa dynastie et éviter de l'engager dans des aventures dangereuses où elle pourrait sombrer. Or le veto est une arme à deux tranchants, d'un maniement très périlleux. « L'impopularité d'un veto contraire aux vœux de la majorité du peuple, dit Laveleye, peut peser sur toute la durée d'un règne et même compromettre l'avenir de la dynastie ». Le meilleur moyen de ne rien compromettre est de s'effacer et d'éviter soigneusement les responsabilités ; les souverains aujourd'hui observent religieusement cette règle de conduite. Dans les pays, où le chef de l'État est nommé par les représentants du peuple, l'exercice du veto est encore plus difficile. L'élu des Chambres est tenu à garder des ménagements vis-à-vis d'elles ; et d'ailleurs, s'il voulait sortir de sa neutralité plus ou moins volontaire, on aurait vite fait de l'accuser de nourrir des projets de gouvernement personnel, de dictature.

(1) Il n'en est pas de même aux Etats-Unis où le Président et les gouverneurs des Etats, dont la constitution admet le *veto*, usent largement du droit qui leur est accordé.

Puisqu'il en est ainsi, dit-on, et que le souverain ne peut ou ne veut plus user du droit de veto qui lui semble une arme trop dangereuse, il ne reste qu'un moyen de mettre un frein aux empiètements du législatif c'est de s'adresser aux électeurs. Lorsque le souverain estimera qu'une loi est mauvaise, il la soumettra au peuple, qui assumera ainsi la responsabilité dont lui-même ne veut plus se charger.

Ceux qui raisonnent ainsi se font, je crois, une idée tout à fait fausse du droit de veto.

Ce droit est une prérogative du souverain qui, placé en dehors et au-dessus des luttes des partis, doit l'exercer d'après les seules inspirations de sa conscience et dans le plus large esprit d'équité et d'impartialité. Une loi est votée par les Chambres ; elle est de nature à amener des complications graves à l'intérieur ou à l'extérieur. Le souverain doit envisager attentivement les conséquences qu'elle peut avoir. Personne n'est mieux placé que lui pour remplir cette mission. Si en son âme et conscience il juge la loi dangereuse, il doit y mettre son *veto*. Il ne relève sur ce point que de lui-même et ne doit pas s'occuper de rechercher, sinon à titre accessoire, de quel côté est la majorité du peuple, car cette loi est peut-être le résultat d'un entraînement passager. Remettre aux électeurs le soin de décider, c'est aller contre la raison d'être du droit de *veto*, qui a souvent pour but de sauver le peuple de lui-même. La loi une fois approuvée par la majorité du pays, le souverain n'aurait plus qu'à se soumettre, car il ne s'agit pas ici d'une consultation à bien plaire de l'opinion publique, qui laisserait au chef de l'Etat le droit de décider librement. Celui-ci ne pourrait que décider conformément aux sentiments du pays, sinon il jouerait un jeu trop dangereux. « Lorsqu'une consultation pareille est donnée dans les formes légales par le corps électoral, parlant par dessus la tête du Parlement, au nom d'une nation que la Constitution a déclarée la source de tous les pouvoirs, c'est un ordre, le plus absolu, qui puisse être donné dans l'Etat (1) ».

B. — Le deuxième avantage que pourrait présenter la pratique du referendum serait, dit-on, de rendre très rare le recours à la dissolution, qui est une extrémité toujours fâcheuse (2).

Le droit de dissolution est la seconde des prérogatives conférées au souverain, qui peut l'exercer dans des hypothèses diverses.

D'abord lorsque le Parlement ne renferme plus une majorité capable de faire vivre quelque temps un ministère, c'est un devoir pour le Chef de l'État de dissoudre la représentation nationale et de demander au pays de lui renvoyer une majorité avec laquelle il soit possible de gouverner. Cette première hypothèse ne soulève pas

(1) Ch. Borgeaud, *Etablissement et revision des Constitutions en Amérique et en Europe.*

(2) C'est Hoffmann, dans son livre : *Das Plebiscit als Correctiv der Wahlen.* Berlin, 1884, qui a proposé le referendum comme moyen d'éviter le recours à la dissolution.

de grandes difficultés. Mais voici qui est plus délicat. Supposons qu'un désaccord grave vienne à se produire entre la Chambre et le Cabinet. Si le souverain estime que la Chambre a raison, il se sépare de ses ministres et tout est dit. Mais si, au contraire, il croit que la Chambre se trompe, il peut renvoyer les députés devant leurs électeurs et faire le pays juge du conflit qui existe entre les représentants et le ministère.

Seulement il en est du droit de dissolution comme du droit de *veto* : c'est une arme dangereuse, dont le souverain hésite à se servir. Si, en effet, les élections donnent une majorité en faveur de la politique du Parlement, le chef du pouvoir exécutif va se trouver dans une situation difficile, bien qu'il n'ait fait qu'user d'un droit que lui conférait régulièrement la Constitution, car il est infiniment probable que la Chambre lui témoignera son ressentiment en s'opposant à tous les projets qui auront son approbation ; aussi le souverain aime-t-il mieux, en général, s'incliner devant le Parlement qu'entrer en lutte ouverte avec lui. Dans ces conditions, dit-on, le referendum pourrait avoir son utilité. « Si, lorsque le verdict de la majorité lui paraît contraire aux intérêts de l'État, le roi pouvait en appeler au corps électoral sans lancer le pays dans l'agitation qu'entraîne inévitablement avec elle une élection générale, son action sur le Parlement serait évidemment plus considérable » (1).

(1) Ch. Borgeaud, *op. cit.*

Il n'y a pas d'analogie d'ailleurs entre le referendum et le droit de dissolution. La pratique du premier permettrait de réserver le second pour les cas extrêmes. « Les deux mesures n'ont pas la même portée. Y a-t-il un désaccord permanent entre la Chambre des représentants, par exemple, et le Cabinet sur la marche générale des affaires publiques et le roi croit-il qu'elle a cessé d'être l'écho du pays? On aboutit à la dissolution. Ce désaccord n'est-il au contraire que passager? porte-t-il sur un point précis? croit-on savoir d'ailleurs que le pays ne se soucie pas de faire passer les affaires des mains d'un parti dans celles d'un autre et peut-on légitimement espérer que les adversaires de l'heure présente se réconcilieront demain? Peut-être y a-t-il un double avantage à prendre le peuple pour arbitre du différend et à laisser siéger une Chambre honnête, intelligente, laborieuse, jusqu'à l'expiration de son mandat » (1).

Ces réflexions sont évidemment inspirées par la constatation de ce qui se passe en Suisse et je crois qu'elles ne sont pas sans valeur. Tout le monde, il est vrai, n'est pas de cet avis. Qu'il s'agisse d'un désaccord permanent ou passager, le remède, dit-on, doit être le même: la dissolution s'impose (2). Je crains bien que le raisonnement qui sert de base à cette opinion ne soit pas très exact. Ceux qui le tiennent posent en principe que,

(1) *** Le referendum belge. *Revue des Deux-Mondes*, 1er mai 1892.
(2) Cf. Signorel, *op. cit.*, p. 123.

si la Chambre représente vraiment la majorité du pays, tout conflit sur un point déterminé est presque impossible. Rien ne me semble moins justifié que cette affirmation. La nation peut approuver l'esprit qui préside à la politique d'un parti et ne pas approuver toutes les décisions qu'il prend. L'exemple de la Suisse est là pour le démontrer ; et, s'il ne faut pas se baser exclusivement sur les résultats donnés dans un pays par une institution pour en préconiser l'application dans un autre pays, encore peut-on en tenir compte dans une certaine mesure.

Ceci dit, et tout en reconnaissant l'exactitude de la distinction entre un désaccord permanent et un désaccord passager des Chambres et du gouvernement, je crois bien que le referendum ne rendrait pas dans un pays comme la France le genre de services qu'on en attend, pour cette raison très simple qu'il constituerait un remède assez violent dont le chef de l'Etat ne tiendrait pas plus à user que du droit de dissolution. On peut admettre à la rigueur le referendum appliqué d'une façon générale au vote des lois : c'est logique tout au moins ; mais vouloir introduire le referendum dans le régime représentatif comme un rouage destiné à ne fonctionner que dans des cas assez rares me semble un anachronisme plutôt dangereux.

C. — L'une des questions qui préoccupent le plus aujourd'hui les hommes politiques est celle de la représentation proportionnelle des partis. Avec le système électoral généralement suivi, les majorités seules sont représentées dans les Parlements. Il peut même arriver que la Chambre ne représente que la minorité des électeurs et même des votants (1). C'est là quelque chose d'absolument injuste car, si l'avis de la majorité doit prévaloir, encore faut-il que la minorité ait pu se faire entendre (2). Bien des systèmes ont été proposés ou appliqués pour résoudre le problème de la représentation proportionnelle ; aucun ne semble satisfaisant car la plupart aboutissent à de très grandes complications qui les rendent impraticables. Or, dit-on, avec le referendum le problème de la représentation proportionnelle perd de son importance, car cette institution permet à toutes les opinions de se manifester et de concourir à l'acceptation ou au rejet des lois.

M. Numa Droz a très bien exposé cet avantage du referendum. « Lorsque le Parlement peut tout décider, dit-

(1) Prins cite de ce fait un exemple très curieux reproduit par M. Signorel (*op. cit.*, p. 126). Supposons le pays divisé en 100 circonscriptions de 4000 électeurs. Il y a deux partis A et B. 51 circonscriptions votent pour A, 49 votent pour B. Le parti A l'emporte ; seulement il arrive que dans chacune des 51 circonscriptions, 2500 électeurs ont voté pour le parti A et 1500 pour le parti B. Au contraire dans les 49 autres circonscriptions, 3500 électeurs ont voté pour le parti B et 500 seulement pour le parti A. A, l'emporte avec 148000 suffrages et B est battu avec 352000 votes.

(2) « L'idée pure de la démocratie, suivant sa définition, c'est le gouvernement de tout le peuple par tout le peuple également représenté. La démocratie, telle qu'on la conçoit et qu'on la pratique aujourd'hui, c'est le gouvernement de tout le peuple par une simple majorité du peuple exclusivement représentée » (Stuart Mill, *op. cit.*, p. 151).

il, l'intérêt est très grand d'y être représenté. Mais lorsque le peuple a le dernier mot à dire, les majorités sont moins ardentes à exclure de la représentation des minorités dont l'avis peut être si utile pour le succès de la loi; de leur côté les minorités souffrent moins de l'injustice et de l'exclusion puisqu'elles peuvent faire valoir directement devant le peuple les raisons qu'elles n'ont pu présenter dans la salle du Conseil » (1).

M. Naville, qui s'est constitué le champion de la représentation proportionnelle en Suisse (2), ne partage pas du tout cette opinion, est-il besoin de le dire? C'est précisément à l'absence de représentation proportionnelle que M. Naville, nous l'avons déjà vu, attribue le rejet d'un grand nombre de lois soumises au peuple suisse. « La représentation proportionnelle de tous les éléments du corps électoral établira, autant que cela dépend des institutions, l'accord de la majorité des corps élus et de la majorité des électeurs; lorsque cet accord sera établi, la demande d'un plébiscite législatif n'aura plus de raison d'être que dans des circonstances exceptionnelles et deviendra fort rare » (3).

(1) Numa Droz, *op. cit.*, p. 411. C'est aussi l'opinion de M. de Laveleye, *op. cit.*, t. II, chap. IV.

(2) Les idées de M. Naville gagnent du terrain en Suisse. Le principe de la représentation proportionnelle a été posé dans le Tessin par la constitution du 2 juillet 1892 et dans le canton de Genève par la loi du 6 juillet de la même année.

(3) Naville : A propos du referendum. *Revue internationale* (mars 1887). — M. Wuarin est aussi partisan de la représentation proportionnelle, qui, dit-il, fera retourner les débats du sein du peuple

Ainsi, d'après les uns, le referendum supprimerait la représentation proportionnelle ; d'après les autres, au contraire, ce serait la représentation proportionnelle qui rendrait inutile le referendum. Je crois bien qu'au fond il y a du vrai dans les deux opinions. Le problème à résoudre, en effet, est le suivant : arriver à ce que la loi soit l'expression exacte de la majorité du pays. Or on obtient ce résultat avec les deux systèmes. Seulement la représentation proportionnelle me semble devoir être préférée pour deux raisons. D'abord elle laisse intact le régime représentatif dont elle constitue un perfectionnement qui n'en trouble pas l'économie. Ensuite elle donne un gouvernement de libre discussion, car c'est surtout au Parlement que s'affirme cette liberté qui ne s'exerce dans les journaux et les réunions publiques que d'une façon incomplète et précaire. Avec la représentation proportionnelle le pays est bien dirigé par le parti qui a la majorité dans le pays et dans le Parlement, mais sous le contrôle des autres partis, représentés dans les Chambres suivant leur importance respective dans la nation (1).

III

Le troisième groupe de considérations, qu'on fait va-

dans celui de corps délibérants. Le referendum ne serait plus alors qu'une épée de Damoclès sur la tête des gouvernants pour leur inspirer la sagesse.

(1) Cf. St-Girons, *Cours de droit constitutionnel*, p. 138.

loir en faveur du referendum, est d'un ordre presque exclusivement moral.

On dit d'abord que le referendum développe le patriotisme en intéressant plus vivement le peuple à la gestion des affaires du pays. C'est, nous l'avons vu, un des avantages que Bossuet reconnaissait au gouvernement direct (1). « Le referendum, dit M. Hilty, entretient et fortifie le patriotisme, l'État n'apparaissant plus comme le domaine d'une classe privilégiée ; il développe aussi le sentiment de la responsabilité chez les électeurs en les appelant à prendre des décisions importantes pour l'avenir de leur pays ». Sans méconnaître ce qu'il peut y avoir de vrai dans cette observation, il ne faut pas non plus en exagérer la portée : le patriotisme existe à un degré aussi élevé dans des pays comme la France, par exemple, où le referendum ne fonctionne cependant pas.

M. Brissaud (2) voit aussi dans le referendum un excellent moyen d'éducation morale. En effet, dit-il, le referendum invite les classes dirigeantes à rester en contact permanent avec les classes inférieures et à s'occuper de leur éducation politique. Ce serait, toujours suivant le même auteur, le plus sûr préservatif contre les agitations socialistes et la haine des classes. — Je ne sais si la pratique donnerait bien les résultats espérés, mais en théorie cela me semble exact. Comme l'a

(1) Voir l'introduction.
(2) *Op. cit.*

fait remarquer M. Naville, il faut, dans un pays doté du referendum, que les conseillers du peuple s'attachent à perfectionner son éducation politique, que les lois soient élaborées avec plus de soin et de maturité que dans le régime parlementaire, enfin que les représentants du peuple, bien loin d'avoir moins de caractère que dans le régime représentatif pur, en aient davantage et aussi plus de dévouement, car il faut préparer l'opinion publique aux mesures nécessaires (1).

C'est ce caractère instructif et moral du referendum qui frappe surtout M. Hilty. « Tous les autres avantages du referendum, dit-il, peuvent être contestés et l'on ne peut dire encore comment cette institution réussirait dans une monarchie. Mais qu'elle soit un incomparable moyen d'instruction, voilà ce qui est indubitable et prouvé par l'expérience ; personne ne s'imaginera, en effet, qu'on puisse remettre la décision de questions d'État d'une importance vitale dans les mains d'une masse ignorante et barbare (2) ».

Enfin, dernier avantage du referendum : la législation, grâce à lui, est portée à la connaissance du peuple. Elle doit devenir simple, brève et nette : « Nul n'est censé ignorer la loi » devient une vérité. — Si vraiment le referendum doit produire ce résultat, qu'on l'adopte tout de suite. Mais je doute un peu qu'il suffise de voter les

(1) Il est certain que c'est ainsi que les choses devraient se passer, mais je crois qu'en fait c'est le contraire qui se produirait.

(2) Hilty, *op. cit.*

lois pour les connaître. « Combien de citoyens, dit M. Gavard, votent sans savoir de quoi il retourne, qui n'ont pas même lu le texte des lois soumises à leur verdict, ne participent à aucune assemblée et de leur vie n'ont déplié les pages d'un journal ou d'un livre quelconque (1) ».

*
* *

A l'appui de leurs arguments, les partisans du referendum invoquent l'exemple de la Suisse (2). La pratique du referendum y a donné, somme toute, des résultats plutôt heureux. Sans doute le peuple s'est trompé quelquefois. Mais les Chambres sont-elles donc infaillibles? En général, il s'est montré plutôt sage et ennemi des mesures extrêmes. Ce caractère conservateur du referendum en Suisse est même curieux à constater.

Mais ces résultats ne peuvent-ils pas s'expliquer par les conditions particulières dans lesquelles se trouve la Suisse? Il y a longtemps qu'on a dit, en plaisantant, que la Suisse était gouvernée par la confusion humaine et la Providence divine. Rien ne prouve que la Providence divine interviendrait d'aussi heureuse façon dans les affaires d'un autre pays.

« La République helvétique, dit M. Desjardins, a, comment le méconnaître, une physionomie particu-

(1) Gavard, *op. cit.*

(2) S'ils n'invoquent pas celui des Etats-Unis, c'est que le referendum n'y existe pas dans le domaine fédéral et que les constitutions des Etats sont très peu connues. Jusqu'à ces derniers temps l'existence du referendum y était à peine soupçonnée.

lière. Le referendum s'y combine assez facilement avec l'organisation du Parlement fédéral, dont la compétence est restreinte, dont la session ordinaire ne dure pas plus de huit semaines et qui vote en moyenne deux ou trois lois par an (1) ».

La Suisse est un petit pays qui, par là même, se prête facilement au gouvernement direct ou aux formes qui en dérivent. En outre c'est un État neutre ; l'esprit d'économie, qui se manifeste volontiers dans les votations populaires, ne peut pas mettre en danger la sécurité du pays.

D'autre part le peuple suisse est doué de précieuses qualités au point de vue du self-government. Il est pratique et paisible. Il n'est ni frivole, ni ignorant. L'instruction y est générale. La connaissance des affaires publiques, tout au moins des affaires locales, y est plus répandue que partout ailleurs. Bref la Suisse est « une démocratie tempérée par le bon sens ». Ce sont là des conditions qu'on ne retrouverait pas facilement dans beaucoup de pays pour la mise en œuvre d'une institution dont le fonctionnement exige avant tout beaucoup de prudence et de sang-froid (2).

Enfin la question sociale n'a pas pris en Suisse le caractère aigu qu'elle a chez la plupart des autres na-

(1) Desjardins, *op. cit.*

(2) Il ne faut pas oublier non plus que la Suisse, comme l'a dit M. Numa Droz, est le pays de la démocratie par excellence, car elle y est de fondation.

tions. « La distance entre les différentes classes de la société est moindre qu'ailleurs. Sauf dans quelques grandes villes comme Bâle, Genève et Zurich, il n'y a pas de grandes fortunes et presque nulle part de paupérisme. L'égalité des conditions est grande et c'est, comme l'ont montré les plus éminents politiques, Aristote et Montesquieu entre autres, une condition essentielle pour la marche régulière de la démocratie (1) ».

SECTION II. — **Objections faites au referendum.**

Les adversaires du referendum ne se contentent pas de réfuter les arguments mis en avant par ses partisans, ils lui adressent une série d'objections dont quelques-unes sont très sérieuses. Nous allons les passer successivement en revue.

I

La première objection que l'on dirige contre le referendum, et c'est la plus grave, est tirée de l'inaptitude du peuple à jouer le rôle qu'on veut lui confier.

Que lui demande-t-on en effet? De légiférer. Or se rend-on bien compte des qualités que doit posséder un législateur pour bien remplir sa mission? C'est un travail très complexe et très délicat que la confection des

(1) De Laveleye, *op. cit.*, t. II, p. 166.

lois. Il faut, pour s'y livrer, non seulement avoir un esprit éclairé mais encore être doué de beaucoup de sang-froid et de jugement. Pour être bonne, toute loi suppose, de la part de ceux qui la font, une connaissance approfondie de la législation, de l'histoire, des mœurs, de la constitution du pays qui, sans cela, peut voir son évolution normale contrariée par des heurts trop brusques. Il ne s'agit pas seulement d'avoir étudié la question qui fait l'objet de la loi et d'apercevoir nettement le but à atteindre ; il faut encore envisager les conséquences plus ou moins directes, plus ou moins lointaines, que peut avoir la mesure au point de vue extérieur comme au point de vue intérieur, peser attentivement ses avantages et ses inconvénients et ne pas engager l'avenir par des concessions à des besoins momentanés. Les considérations personnelles doivent s'effacer devant l'intérêt général. « En un mot, dit Spencer, il faut être dûment familiarisé avec la science sociale, avec la science qui enveloppe toutes les sciences, qui en subtilité et complexité les dépasse toutes et qui n'est accessible qu'aux plus hautes intelligences ».

Les assemblées législatives ont déjà bien de la peine à se tenir à la hauteur de leur mission. Et cependant elles représentent une élite, le fruit d'une sélection. Que serait-ce, si le peuple était appelé à prendre ce rôle de législateur ?

Les penseurs, les philosophes se sont montrés sévères dans leur appréciation de l'intelligence du peuple, pris en masse. Taine, Carlyle, Dupont-White sont sur ce point très catégoriques (1). Admettons qu'il y ait dans leur jugement beaucoup d'exagération. Il n'en reste pas moins vrai que le peuple n'est point apte à faire les lois. « Le grand avantage des représentants, dit Montesquieu, c'est qu'ils sont capables de discuter les affaires. Le peuple n'y est point du tout propre, ce qui forme un des grands inconvénients de la démocratie (2) ». « Les hommes, dit de son côté de Lolme, n'ont ni le loisir, ni les connaissances nécessaires à de tels soins. En outre la multitude, par cela même qu'elle est une multitude, est incapable d'une résolution réfléchie. La plupart se décident par des raisons dont ils rougiraient de se payer dans des occasions bien moins sérieuses (3) ». Le peuple est incompétent pour légiférer habituellement. Il ne peut pas tenir compte de ses propres antécédents et de ses propres habitudes, « chercher dans le passé le secret de l'avenir ». Légiférer habituellement, c'est gouverner,

(1) « Vingt millions d'ignorance ne font pas un savoir » (Taine). — « Sur dix hommes il y en a neuf qui sont fous avérés ; c'est le calcul généralement reçu. Eh bien ! alors par quel miracle voulez-vous qu'en jetant dans ce moulin, une boite à scrutin, les bulletins de vote de ces dix hommes il vous rende un grain de sagesse ? » (Carlyle). — « Regardez-moi ce portefaix sans idée, ce fat perdu d'égoïsme : deux misères qui ne représentent pas mal notre condition et notre nature. Voilà les souverains qu'on nous propose » (Dupont-White).

(2) Montesquieu, *Esprit des lois*, liv. XI, chap. VI.

(3) De Lolme, *Constitution de l'Angleterre*, liv. II, chap. V. Genève, 1790.

a-t-on dit; possède-t-il cette science des transitions et des nuances qui est la science même du gouvernement (1)?

Les partisans du referendum prétendent, il est vrai, qu'ils ne demandent pas au peuple de légiférer, dans le sens strict du mot. « Nous ne demandons pas, ont-ils dit, que le peuple confectionne les lois mais seulement qu'il les vote (2) ». Se doutent-ils bien de l'importance de l'acte qu'ils chargent l'électeur d'accomplir? Ils ont été séduits par ce qu'il y a d'apparente simplicité dans le fait de déposer dans l'urne un bulletin portant un oui ou un non; mais cette réponse de l'électeur ne suppose-t-elle pas de sa part la notion exacte des besoins auxquels la loi répond et de son aptitude à les satisfaire. « Il arrivera fatalement, dit M. Esmein, de deux choses l'une : ou la majorité votera les yeux fermés un projet qu'elle ne comprend pas; ou ce projet, peut-être excellent en lui-même, sera repoussé à raison de quelque disposition, peut-être secondaire, contre laquelle se sera formé un de ces préjugés populaires si prompts à naître et si difficiles à détruire (3) ».

Bref tout cela revient à dire ce qu'Anacharsis disait déjà à Solon : qu'il est singulier de voir des hommes sages faire des lois et d'autres moins sages les voter.

Mais, dira-t-on, comment pouvez-vous concilier le mépris où vous tenez les masses populaires et l'aptitude

(1) Cf. Desjardins, *op. cit.*

(2) Gengel, *Aphorismen über Democratischen Staatsrechts.*

(3) Esmein, *op. cit.*

que vous leur reconnaissez à se choisir des représentants? La réponse est bien simple. La nomination des représentants est surtout une question de confiance. Le peuple choisit ses députés d'après leurs opinions connues et suivant le degré d'autorité qu'ils ont su acquérir sur lui soit par leurs actes soit par leurs paroles. « Vous trouveriez ridicule, dit M. Paul Laffite, de consulter le premier venu sur la meilleure manière de construire une maison ou de soigner un malade; mais ce premier venu, le droit que vous ne pouvez lui refuser c'est de choisir son architecte, s'il veut bâtir ou son médecin s'il est malade. C'est ainsi qu'il choisit celui qui le représentera dans les assemblées politiques. S'il se trompe dans un cas comme dans l'autre, c'est tant pis pour lui (1) ». Montesquieu l'avait déjà dit : « Le peuple est admirable pour choisir ceux à qui il doit confier quelque partie de son autorité. Il n'a à se déterminer que par des choses qu'il ne peut ignorer et des faits, qui tombent sous les sens..., mais saura-t-il conduire une affaire, connaître les lieux, les occasions, les moments, en profiter? Non, il ne le saura pas (2) ».

Les partisans du referendum ont bien senti la gravité de l'objection tirée de l'incompétence du peuple et ils ont cherché à faire dévier la discussion sur un autre terrain. « Assurément, dit M. Brissaud, le peuple n'est guère compétent pour juger des lois compliquées comme

(1) Paul Laffite, *Lettres d'un Parlementaire.*
(2) Montesquieu, *Esprit des lois*, II, 2.

un code de procédure ou un code de commerce (1). Mais il ne s'agit pas de faire faire la loi par le peuple. Il s'agit de lui demander s'il n'y a pas dans la loi de dispositions qui le blessent dans ses intérêts ou dans sa conscience (2) ». Et M. Brissaud cite à l'appui de son opinion l'exemple de la loi sur les épidémies que le peuple suisse repoussa, bien qu'elle fût bonne dans son principe, parce qu'elle froissait ses sentiments d'humanité et de famille. L'exemple est habilement choisi et on comprend très bien les raisons qui, dans la circonstance, ont poussé le peuple suisse. Mais la formule de M. Brissaud, très restrictive en apparence, est au fond très générale, car demander au peuple s'il n'y a pas dans un projet de loi une disposition qui blesse ses intérêts ou sa conscience cela revient, comme on l'a dit, à le faire juge de la loi, le prier de l'analyser dans tous ses détails, de prévoir toutes ses conséquences.

D'ailleurs pour légiférer en connaissance de cause il faut discuter et délibérer : le peuple le peut-il ? Dans les petites républiques de l'antiquité, la discussion était encore possible ; mais comment pourrait-elle l'être dans nos grands Etats modernes qui comptent des millions d'électeurs ? D'après certaines constitutions cantonales de la Suisse, les votations doivent être précédées immédiatement d'une réunion dans laquelle les électeurs sont à même de discuter la loi ; en fait il ne se produit

(1) Exemples cités par M. Welti en 1874 à l'Assemblée nationale.
(2) Brissaud, *op. cit.*

jamais le moindre échange d'observations. Nous avons vu d'autre part que la pratique du message explicatif ne donnait aucun résultat. Je sais bien qu'on invoque les services rendus à cet égard par la presse. « Maintenant, dit Laveleye, la presse moderne remplace l'orateur antique ; par le journal qu'il lit chaque jour l'électeur arrive à connaître les questions sur lesquelles il doit se prononcer bien mieux que par quelques discours entendus au milieu du tumulte et de l'agitation de la foule au moment où le scrutin va s'ouvrir ; si les manœuvres préliminaires des partis sont un mal, les entraînements de l'éloquence sont un péril » (1). Mais l'éminent économiste ne prend-il pas un peu ses désirs pour des réalités ? Il en serait peut-être ainsi, d'abord, si tous les électeurs lisaient vraiment les journaux ou tout au moins la partie des journaux consacrée aux débats parlementaires, ensuite si les journaux, prenant leur rôle au sérieux, traitaient ces questions avec toute l'impartialité convenable et n'abusaient pas de la crédulité de leurs électeurs dans un esprit mesquin de parti ou dans un but, moins noble encore, de spéculation. Je ne sais si les choses se passeront jamais comme le dit M. de Laveleye, mais nous n'en sommes pas encore là.

Maintenant gardons-nous de toute exagération. L'incompétence du peuple, trop réelle malheureusement en matière législative, l'est beaucoup moins en matière

(1) De Laveleye, *op. cit.*

communale. Même dans le domaine législatif, il y a certaines questions, de nature moins complexe, qui pourraient, je ne dis pas : devraient, être soumises au peuple (1). Car, s'il faut reconnaître avec Taine que vingt millions d'ignorances ne font pas un savoir, il est impossible d'aller jusqu'à dire avec Carlyle que, sur dix hommes, il y en a neuf qui sont fous avérés. A défaut d'intelligence éclairée, on trouve chez le peuple un certain bon sens naturel qui lui permet de résoudre, de façon assez satisfaisante, certaines questions simples. Et puis ne peut-on pas espérer que les progrès de l'instruction finiront par donner de bons résultats ?

II

Le peuple serait-il capable de légiférer que l'exercice du referendum soulèverait encore de nombreuses difficultés.

Une des plus grosses consiste dans le manque de loisirs des électeurs. Dans l'antiquité, a-t-on dit, le citoyen effaçait l'homme. Aujourd'hui c'est le contraire. Tout était plus simple autrefois. Ce sont précisément le nombre et la complexité sans cesse croissante des questions à résoudre qui ont contribué en partie à faire abandonner le gouvernement direct pour le gouvernement représentatif, et il est curieux de voir se manifester la tendance à y revenir au moment où la lutte pour la vie

(1) Par exemple la déclaration de guerre ou la revision de la constitution.

devient de plus en plus âpre et où chacun a besoin de pouvoir disposer de tout son temps et de toute son intelligence pour ne pas être vaincu. « La législation par le peuple, dit M. Naville, entendue en ce sens que chaque citoyen pourrait étudier les lois proposées, les apprécier et se faire à leur sujet une opinion vraiment personnelle est et sera probablement toujours, malgré l'instruction gratuite et obligatoire, une véritable chimère. Pour étudier valablement les questions législatives, il ne faut pas seulement une grande culture d'esprit, il faut de plus des loisirs. Rousseau se demandait au troisième livre du *Contrat social* si l'esclavage ne serait point la condition de la liberté telle qu'il la comprend et il répond : peut-être » (1). Les partisans du referendum sont-ils disposés à rétablir l'esclavage pour faciliter le fonctionnement de l'institution vantée par eux ? J'en doute un peu.

Quoique le referendum, là où il existe, ne soit pratiqué que le dimanche et même, lorsqu'il est obligatoire, seulement à certaines époques, il faut croire que le peuple n'aime pas autant à légiférer qu'on veut bien le dire, car un des inconvénients les plus graves que présente le referendum est le nombre énorme des abstentions.

L'étendue des grands États modernes, où les électeurs se comptent par millions, est aussi un obstacle sérieux à la pratique de cette institution. La mise en mouvement de

(1) Naville, *op. cit.*

pareilles masses n'est pas chose facile. Il ne faut pas oublier d'ailleurs que le referendum coûte cher. Qu'on en juge plutôt par ce qui se passe en Suisse. « Les frais nécessités par l'impression de la loi fédérale sur la poursuite pour dettes et la faillite se sont élevés à 47,696 fr. Avec les autres frais, la votation sur cette loi seule coûte à la Confédération suisse environ 130,000 francs. Il en est à peu près de même pour toutes les lois soumises au referendum (1) ». Si l'on veut bien réfléchir que la France, par exemple, représente environ quatorze fois la Suisse en étendue et en population, on conviendra que le referendum serait, pour de grands États, un luxe un peu coûteux. Cette petite considération budgétaire est peut-être celle qui frapperait le plus les électeurs, si on leur demandait leur opinion sur l'institution dont on veut les doter.

III

On insiste beaucoup sur les dangers que présente l'application du referendum. Ces dangers existent, en effet ; seulement je crois qu'on s'exagère la gravité de quelques-uns d'entre eux.

Le referendum, disent d'abord ses adversaires, est un acheminement vers le césarisme. Comment cela ? Il ne s'agit plus de l'analogie plus ou moins grande du re-

(1) Adams, *La Confédération suisse*. Traduction G. Loumyer.

ferendum avec le plébiscite. Mais on paraît craindre que la lassitude de la population, fatiguée par la fréquence des votations, ne la conduise à se remettre à un homme du soin de la diriger. La crainte n'est-elle pas un peu chimérique ? Sans doute le peuple se fatiguerait vite du referendum. Mais rien ne dit que cette lassitude engendrerait le césarisme ; peut-être amènerait-elle tout simplement un retour au pur régime représentatif. Ce qui rend un peu sceptique sur ce premier danger du referendum c'est que M. Naville a découvert en Suisse des germes de césarisme (1). Or on ne s'imagine pas facilement la Suisse se donnant à un César.

Les adversaires du referendum se prévalent du caractère révolutionnaire du referendum facultatif. Sans doute sa mise en mouvement soulève toujours une certaine agitation. Mais on voit, par ce qui se passe dans les pays où n'existe pas cette institution, que les agitateurs n'en ont pas besoin pour arriver à leurs fins. Les élections, les grèves leur fournissent des occasions suffisantes d'intervenir et de jeter partout le trouble et le désordre. Comme le dit Laveleye : « S'il faut que la volonté du peuple se fasse, ne vaut-il pas mieux qu'elle se manifeste paisiblement et régulièrement par un plébiscite, comme dans les cantons suisses, plutôt que tumultueusement et d'une façon peu décisive, comme cela a lieu en Angleterre au moyen des meetings, des processions

(1) Cf. *Revue internationale*, p. 839.

et des démonstrations, et, en Irlande, au moyen de batailles entre nationalistes et orangistes (1)? »

Je n'insisterai pas sur les dangers que pourrait présenter l'application du referendum dans le domaine des affaires étrangères car, même dans les pays où le peuple est appelé à voter les lois, on a pris soin de lui soustraire tout ce qui relève de la politique extérieure. S'il fallait consulter le peuple en cette matière c'en serait fait de la diplomatie dont les habitudes de finesse, de tact et de discrétion ne sauraient s'accommoder des façons grossières et bruyantes du referendum.

J'arrive à un danger qui, celui-là, me semble plus sérieux. Le referendum, dit-on, diminue en fait le pouvoir délibérant des assemblées, c'est-à-dire leur aptitude à discuter utilement. La préparation et le vote des lois se font plus à la légère, car la responsabilité du pouvoir législatif décroît avec la possibilité du referendum et aussi parce que son œuvre n'est pas assurée d'aboutir. C'est là ce que les conservateurs suisses reprochent surtout au referendum. « En appelant le peuple à se prononcer en dernier ressort sur l'œuvre de ses mandataires, s'écrie M. Welti, on a affaibli le sentiment de la responsabilité parlementaire... Le referendum a abaissé le pouvoir législatif au niveau d'une simple commission parlementaire ». Tel est bien l'avis d'un témoin désintéressé, le représentant de l'Angleterre à Berne, Sir

(1) De Laveleye, *op. cit.*

Francis Ottivel Adams. « Il est hors de doute, dit ce diplomate, que le referendum a diminué l'importance des débats sur les lois et les résolutions des Chambres et qu'il les a amoindries elles-mêmes aux yeux du peuple. Il n'y a rien de surprenant à ce que les députés sentent moins le sérieux de leurs fonctions depuis qu'ils savent qu'après tout les mesures qu'ils adoptent, même si elles sont nécessaires, sont à la merci d'un vote populaire, de sorte que leurs décisions ne sont jamais définitives et que leur temps et leur peine risquent souvent d'être perdus (1) ». Insuffisance de préparation des lois, résultant de l'affaiblissement de la responsabilité parlementaire, voilà donc ce qui est surtout à craindre avec le referendum.

Enfin dernier inconvénient qui est plutôt imputable d'ailleurs à un vice d'organisation qu'à l'institution elle-même : le peuple, avec le referendum, est appelé à donner son avis sur une loi avant de l'avoir vue en vigueur et sans savoir les résultats que donnera son application. Comment veut-on, dans ces conditions, qu'il se prononce en connaissance de cause ? « On demande au peuple, dit M. Dubs, un jugement catégorique, affirmatif ou négatif, immédiatement après la publication d'une loi. La plupart du temps le peuple ne sera pas disposé à se prononcer dans ces conditions. Il préférera attendre et essayer la loi nouvelle. Pourquoi l'en empêcher?

(1) Adams, *op. cit.*

L'erreur des théoriciens de la démocratie consiste à s'imaginer que le peuple pense aussi facilement et aussi rapidement qu'eux-mêmes ; ce n'est pas la théorie abstraite mais l'expérience pratique qui instruit le peuple ; son jugement a autant de valeur que celui du Parlement, mais à condition qu'il puisse se former d'après son procédé naturel (1) ». C'est aussi l'opinion de Taine : « Un peuple consulté, dit-il, peut à la rigueur dire la forme de gouvernement qui lui plaît mais non celle dont il a besoin ; il ne le saura qu'à l'usage ; il lui faut du temps pour vérifier si sa maison politique est commode, solide, capable de résister aux intempéries, appropriée à ses mœurs, à ses occupations, à son caractère, à ses singularités, à ses brusqueries (2) ».

IV

Le referendum aurait-il toutes les qualités, serait-il d'une application facile, qu'il ne donnerait pas, dit-on, les résultats qu'en attendent ses partisans. Quel est le but, en effet, qu'on se propose en soumettant les lois à la votation du peuple ? C'est de ne pas lui imposer des choses contraires à sa volonté. Or il existe des moyens qui permettent d'arriver à faire faire au peuple ce qu'on veut et non ce qu'il veut et cela sans violer la loi. M. Naville (3) en signale deux qui, d'après lui, ont été

(1) Dubs, *Die schweizerische Democratie in ihrer Fortentwicklung.*
(2) Taine, *Ancien régime*, préface, p. II.
(3) *Op. cit.*

employés en Suisse avec succès « Le premier consiste à soumettre à une votation en bloc des lois renfermant des éléments très distincts (1).... Le second moyen consiste, lorsqu'une loi a été refusée, à la présenter de nouveau, avec quelques modifications, une seconde, une troisième fois, s'il le faut » (2). Enfin la clause d'urgence peut fournir un excellent moyen d'éviter le referendum. « Les Chambres, dit-on, sont toujours souveraines pour soumettre ou non une loi à la votation populaire ; en proclamant l'urgence, elles escamotent au peuple toutes les mesures dont l'acceptation pourrait soulever des difficultés ». Ce dernier moyen est plus dangereux et je ne crois pas que les Chambres soient tentées d'en abuser.

(1) D'après M. Naville, c'est ce qui se serait produit pour la loi du 23 mai 1875 qui « a valu à la Suisse le triste honneur d'occuper le premier rang en Europe dans la statistique des divorces ». Tel n'est pas, nous l'avons déjà dit, l'avis de M. Brissaud qui soutient que le peuple a bien su ce qu'il faisait en votant cette loi, ainsi que le prouvent le grand nombre des votants et le faible écart des voix.

(2) Cela est arrivé pour la loi fédérale sur la taxe d'exemption du service militaire qui, rejetée deux fois par le peuple, ne fut adoptée qu'à la troisième votation grâce à la lassitude de la population.

CONCLUSION

La Suisse dans l'histoire aura le dernier mot, a dit Victor Hugo. Si les poètes sont vraiment des prophètes, faut-il souhaiter que cette prophétie se réalise, en ce qui concerne le referendum ? Je répondrai très nettement : non. Entre le régime représentatif et le referendum, concession au faux principe du gouvernement direct, je crois qu'il n'y a pas d'hésitation possible : le premier doit être préféré. « Le Parlementarisme n'est pas à la mode, c'est le vieux jeu, dit-on. Je crois, moi, que c'est le seul jeu que puisse jouer la démocratie, si elle veut éviter les aventures et les platitudes (1) ». Sans doute, à l'heure actuelle, cette forme de gouvernement traverse partout et même dans son pays d'origine, l'Angleterre, une crise provoquée par les progrès sans cesse croissants de la démocratie. Faut-il en conclure que ce régime « le privilège et l'honneur des peuples libres » ne peut trouver place dans une démocratie ? Écoutons plutôt ce que disait Sieyès parlant de ceux qui préconisaient le gouvernement direct pour flatter le peuple et gagner ses bonnes grâces : « Dans leur ignorance crasse ils croyaient le système représentatif incompatible avec

(1) Paul Laffite, *op. cit.*

la démocratie, comme si un édifice était incompatible avec sa base naturelle ; ou bien ils voulaient s'en tenir à la base s'imaginant sans doute que l'état social doit condamner les hommes à bivouaquer toute leur vie ». On peut aimer le peuple, vouloir son bien, son bonheur ; mais de là à s'en remettre à lui du soin de tout diriger, il y a loin. « Tout pour le peuple, rien par le peuple (1) », telle devrait être la devise de tous les gouvernements. Un gouvernement doit être aristocratique, en ce sens qu'il doit être confié aux meilleurs, aux plus dignes. « Les superficiels vont toujours répétant le vieil aphorisme : *paucis vivit humanum genus*, c'est pour un petit nombre que vit le genre humain. Cet aphorisme, je l'accepterais assez volontiers sous réserve d'une légère modification : *a paucis*, c'est par un petit nombre (2) ».

Il faut donc souhaiter très sincèrement que la démocratie, comprenant ses véritables intérêts, sache s'accommoder d'un régime qui peut avoir ses défauts mais qui, en somme, assure aux citoyens le maximum de liberté compatible avec les nécessités d'un bon gouvernement.

En sera-t-il ainsi ? C'est une autre question et la réponse est tout au moins douteuse. Nous sommes, a-t-on dit, en présence d'une évolution qui commence : celle de la démocratie. L'étude de l'âme des foules excite

(1) Le mot est de Guizot.

(2) Jean Izoulet, Le suicide des démocraties. *Revue de Paris*, n° du 1er mai 1895.

partout une curiosité inquiète car tout le monde se rend compte plus ou moins nettement que l'avenir dépend d'elles. Mais comment savoir exactement ce qu'elles pensent? « Chez nous rien de plus difficile. Nous reporterons-nous aux élections? Mais elles se font sur des étiquettes et sur des noms plus que sur des idées. Assisterons-nous pour faire notre enquête aux réunions publiques qui se tiennent au cours des grèves ou pendant les périodes électorales, ou bien encore à celles où se font entendre les protestations populaires contre des mesures gouvernementales? Mais on est alors dans des moments de crise, d'irritation ; l'âme du peuple ne s'y fait connaître que dans un état d'exaspération qui est une déformation d'elle-même. On ne fait pas la psychologie d'un homme en l'observant dans ses colères. Chez nous le peuple ne parle guère que dans de pareils moments et de là sans doute bien des préventions (1) ». Le referendum, en permettant au peuple de manifester ses sentiments d'une façon paisible et régulière, ferait-il disparaître ces préventions, comme semble le croire M. Deslandres ? C'est douteux, mais enfin ce n'est pas impossible.

Quoi qu'il en soit, s'il est bon de lutter pour les idées que l'on croit justes, il arrive un moment où il faut savoir en faire le sacrifice et se plier à celles des autres, en s'efforçant seulement de les améliorer : c'est lors-

(1) Deslandres, *De la participation du peuple au pouvoir législatif*, conférence faite à Dijon le 20 février 1894.

qu'on a contre soi l'immense majorité du pays. Sinon on reste isolé et on perd toute influence. « C'est avoir tort que d'avoir raison contre tous », a-t-on dit. Cela est surtout vrai en politique. Admettons qu'on puisse entraver quelque temps encore l'expansion de la démocratie. N'est-il pas à craindre que cette force immense ne finisse un jour par rompre les digues qui lui étaient opposées et ne se déchaîne avec d'autant plus de violence qu'elle aura été plus longtemps contenue ? « Toutes les réactions sont excessives, dit M. Izoulet ; que ne faut-il donc pas craindre de la réaction populaire depuis que la résignation chrétienne a fait place à la revendication révolutionnaire (1) ». On peut se demander s'il ne serait pas sage de savoir faire à temps des concessions. Le referendum, appliqué avec mesure, pourrait en être une. Ne l'a-t-on pas comparé souvent à une soupape de sûreté (2) ? « Afin que le régime soit plus démocratique encore, dit M. Ch. Benoist, et plus en harmonie avec l'or-

(1) Izoulet, *op. cit.*

(2) Je trouve cette phrase dans un article du *Journal de Genève*, répondant au *Temps* qui avait critiqué la votation populaire d'octobre 1891 sur le monopole des billets de banque et le tarif douanier. « Loin donc de considérer le referendum comme un système politique inférieur et grossier, nous le tenons, au contraire, même lorsqu'il se prononce contre nous, comme la plus simple et la plus admirable soupape de sûreté qui ait été inventée pour préserver la machine démocratique, souvent surchauffée, d'éclater en révolutions périodiques ». — M. Brissaud (*op. cit.*) dit de son côté : « Qu'on me permette une comparaison parce qu'elle rend toute ma pensée : on pourra lancer la machine politique à toute vapeur, sans rien risquer, le jour où l'on aura à sa disposition un frein aussi puissant que le referendum ».

dre social, on ne verrait point d'obstacle insurmontable à l'usage modéré du referendum, sous cette condition qu'on s'en servirait rarement, avec tact et sincérité, uniquement pour de très grandes questions qui pourraient être posées en termes très simples et résolues par une réponse très brève (1) ». Si jamais on devait supprimer le Sénat, comme le proposent certains partis politiques, je crois que le referendum pourrait constituer un frein très utile aux entraînements d'une Chambre unique.

Seulement, pour procéder avec méthode et ménager les transitions, il faudrait commencer par adopter le referendum communal qui, en habituant le peuple à se gouverner lui-même, serait pour lui un excellent moyen d'éducation politique. N'est-ce pas Bluntschli qui a dit : l'Etat moderne sera construit par en bas ? Et l'histoire ne nous montre-t-elle pas que les deux pays, où la démocratie a atteint son plus grand développement, la Suisse et les États-Unis, reposent précisément sur un régime communal libre ? « Doter de la démocratie un peuple qui n'a pas d'autonomie communale, par conséquent pas de moyen direct de faire son éducation politique, serait une entreprise hasardée » (2). Si cette première expérience réussissait, on pourrait peut-être commencer à parler du referendum législatif. Qui sait

(1) Ch. Benoist, *La Politique* (collection de la vie nationale).
(2) Numa Droz, *op. cit.*

alors, et ce sera là ma conclusion, conclusion un peu optimiste, je l'avoue, qui sait si nous ne verrions pas se réaliser le mot de Tocqueville, si profond sous sa forme paradoxale : « L'extrême démocratie prévient les dangers de la démocratie ».

BIBLIOGRAPHIE

Adams (Sir Francis Ottivel). — *La Confédération suisse.* Traduction de Henry. G. Loumyer.

Bandelier. — *Du referendum au point de vue jurassien.* Porrentruy, 1869.

Béchaux. — *Le referendum.* Correspondant du 25 avril 1892.

Belleval (de). — *Sommes-nous en république* ? Paris, 1888.

Blumer. — *Staats-und Rechtsgeschichte der schweizerischen Demokratien* (Histoire du droit public de la démocratie suisse). Saint-Gall, 1850.

Bluntschli. — *La Politique.* Tr. Riedmatten.

Ch. Borgeaud. — *Etablissement et revision des constitutions en Amérique et en Europe.*

— *Histoire du Plébiscite* (Le Plébiscite dans l'antiquité).

Boutmy. — *Etudes de droit constitutionnel.* Paris, 1885.

Brissaud. — *Le referendum en Suisse.* Revue générale du droit, de la législation et de la jurisprudence. Année 1888, p. 402-424.

Ch. Benoist. — *La Politique.* Collection de La Vie nationale.

Burkli. — *Direckte Gesetzgebund durch das Volk* (Législation directe par le peuple), 1869.

Buchez et Roux. — *Histoire parlementaire de la Révolution.* Paris, 1834.

Chatelanat. — *Die Wirkungen des Referendums im Kanton Bern* (Les origines du referendum dans le canton de Berne). *Zeitschrift für schweizerische Statistik*, 1877.

Cherbuliez (A.). — *De la démocratie en Suisse.* Genève, 1848, 2 vol.

Coolidge. — *The earl history of the referendum* (Histoire du referendum dans les temps anciens). English historical Review, oct. 1891.

Curti. — *Zur Geschichte der Volksrechte* (Contribution à l'étude de l'histoire des droits du peuple). Zurich, 1881.

Curti. — *Geschichte der schweizerischen Volksgesetzgebund* (Histoire de la législation directe par le peuple dans la Suisse). Zurich, 1885.

Deploige. — *Le referendum en Suisse.* Bruxelles, 1892.

Donnat (Léon). — *La politique expérimentale.*

Deslandres. — *De la participation du peuple au pouvoir législatif.* Dijon, 1894.

Desjardins (Arthur). — *De la liberté politique dans l'Etat moderne.* Paris, 1894.

Droz (Numa). — *La démocratie et son avenir.* Bibliothèque universelle, année 1882, t. XVI.

— La revision fédérale. *Ibid.*, année 1885.

Dubs. — *Die schweizerische Democratie in ihrer Fortentwicklung* (De l'évolution de la démocratie suisse). 1868.

— *Le droit public de la Confédération suisse.* 2 vol. Genève, 1878.

Duvergier de Hauranne. — *La Suisse et la revision de sa constitution.* Revue des Deux-Mondes, 1873.

Ernst. — *Die Volksrechte im eidgenœssischen Bunde* (Les droits du peuple dans la constitution fédérale) dans les Monat Rosen, 1883-84.

Esmein. — *Eléments de droit constitutionnel.* 1er fascicule. Paris, 1895.

— *De la délégation du pouvoir législatif.* Revue politique et parlementaire, août 1894, p. 203 et suiv.

Ganzoni. — *Beitræge zur Kenntniss des bunderischen Referendums* (Considérations relatives à l'étude du referendum fédéral). Zurich, 1890.

— *Das referendum in schweizerischen Staatsrecht* (Le referendum dans le droit public suisse). Archiv. für offentliches Recht, vol. II.

Gavard. — *Les formes nouvelles de la démocratie. Le referendum et l'initiative populaire en Suisse.* Nouvelle revue, 15 mars 1892.

Gengel. — *Aphorismen über demokratischen Staatsrechts* (Aphorismes sur le droit public démocratique). Berne, 1864.

Gengel. — *Die Erweiterung der Volksrechte* (De l'extension des droits du peuple). Berne, 1868.

Greef (de).—*La Constituante et le régime représentatif.* Bruxelles, 1892.

Herzog. — *Das Referendum in der Schweiz* (Le referendum en Suisse). Berlin, 1885.

Hilty. — *Constitutions fédérales de la Confédération suisse*, 1891.

— *Das referendum in schweizerischen Staatsrecht* (Le referendum dans le droit public suisse). Archiv. für offentliches Recht, vol. II.

— *Theoretiker und Idealisten der Demokratie* (Les théoriciens et les idéalistes de la démocratie). Berne, 1868.

— *Le referendum et l'initiative en Suisse*. Revue de droit international, t. XXIV, 1892.

Hauleville (baron de). — *Le referendum royal*. Bruxelles, 1892.

Hoffman. — *Das Plebiscit als Correctiv der Wahlen* (Le Plébiscite comme correctif des élections). Berlin, 1884.

Hymans. — *Le referendum dans la Constitution suisse*. Revue de Belgique, 15 janv. 1892.

Jean de Bruxelles. — *Referendum et consultation directe*. Bruxelles, 1892.

Keller. — *Das Volksinitiativrecht nach den schweizerischen Kantons verfassungen*.

Laffite (Paul). — *Lettres d'un Parlementaire*.

Laveleye (de). — *Le gouvernement dans la démocratie*. 2 vol. Paris, 1891.

Lorand. — *Le referendum*. Bruxelles, 1890.

Maine (H. Sumner). — *Essais sur le gouvernement populaire*.

Naville. — *A propos du referendum*. Revue internationale, 10 mars 1587.

Ramalho. — *Etude historique sur le referendum*. Revue générale d'administration, oct.-nov. 1892.

Rambert. — *Les Landsgemeinde de la Suisse*. Bibliothèque universelle, t. XLII, 1871.

Oberholtzer (E. P.). *The Referendum in America*.

Prins. — *La démocratie et le régime parlementaire*. Bruxelles, 1887.

Raggio (Ch.). — *La revision rationnelle*. Revue socialiste, oct. 1889.

Rittinghausen. — *La législation directe par le peuple et ses adversaires*. Bruxelles, 1852.

Salis. — *Le droit fédéral suisse*. Tr. E. Borel. Berne, 1892.

Signorel. — *Le referendum législatif*. Toulouse, 1893.

Stuart Mill. — *Le gouvernement représentatif*. Trad. de Dupont-White. Paris, 1865.

Stüssi. — *Referendum und initiative im Kanton Zurich*, 1886.

Tocqueville (de). — *La Démocratie en Amérique*.

Vacherot. — *La Démocratie*. Paris, 2e édition.

Vogt. — *Referendum, Veto und Initiative. Zeitschrift für die gesamme Staatswissenschaft*. Tubingen, 1873.

Wuarin. — *L'Évolution de la démocratie en Suisse*. Revue des Deux-Mondes, 1er août 1891.

*** — *Le referendum belge*. Revue des Deux-Mondes, 1er août 1892.

*** — *Das referendum in der Schweiz* (Le referendum en Suisse). Unsere Zeit. Leipzig, juillet 1891.

Vu :
Le Président de la thèse,
E. CHAVEGRIN.

Vu :
Le Doyen,
COLMET DE SANTERRE.

Vu et permis d'imprimer :
Le Vice-Recteur de l'Académie de Paris,
GRÉARD.

TABLE DES MATIÈRES

TROISIÈME PARTIE

Examen critique du referendum.

Imp. G. Saint-Aubin et Thevenot. — J. Thevenot, Successeur, Saint-Dizier.

www.ingramcontent.com/pod-product-compliance
Ingram Content Group UK Ltd.
Pitfield, Milton Keynes, MK11 3LW, UK
UKHW021130220726
13924UKWH00004B/1997